21세기 행복학

| 장선철 · 김래경 · 최은미 · 김남원 |

태영출판사

| 머리말 |

행복은 가까운 곳에 있고,
행복하지 않았던 사람은 아무도 없다.

진짜 행복한 사람이 드물다. 행복해지고 싶지 않은 사람은 단 한명도 없는데 말이다. 과거에도 그랬고, 지금도 그렇고, 미래에도 그럴 것이다. 그만큼 행복을 찾는 과정이 어렵고 힘든 것 같다. 살다보면 행복이 나와 상관없는 것처럼 여겨질 때도 있고, 과연 행복이 무엇인지도 잘 모를 때가 있다.

대다수 사람들이 성공하고, 많은 돈을 벌고, 명예가 있으면 행복할 것이라고 생각한다. 과연 그럴까? 만약 그 생각이 맞는다면 재벌이나 유명연예인 등 소위 성공한 사람들의 극단적인 선택을 어떻게 설명할 수 있을까. 단언컨대 성공과 부와 명예는 행복의 절대적인 조건이 되지 못한다.

행복은 늘 가까운 곳에 있고, 한 번도 행복하지 않았던 사람은 아무도 없다. 어린 시절 장난감을 선물 받았을 때, 좋아하는 친구가 생겼을 때, 엄마가 내가 제일 좋아 하는 음식을 만들어주셨을 때, 반가운 사람에게 연락이 왔을 때 너무 행복했다. 한 여름 땀을 뻘뻘 흘려가며 산을 오르는데 깊은 계곡에서 불어오는 산바람이 얼마나 시원하고, 정상에 올라 마시는 물 한모금은 산해진미와 비교도 되지 않는다는 것을 모르는 이가 없다. 그때 느끼는 감정이 바로 우리가 찾는 행복이다.

진짜 행복을 찾으려면 누구에게나 행복했던 기억이 있고, 무엇이 우리를 행복하게 만들며, 행복이 주는 느낌이 무엇인지를 알아야 한다. 문제는 지금 행복하지 않다고 느끼는 것이다. 사람들이 행복하지 않다고 느끼는 이유는 의외로 단순하다. 행복이 무엇인지 제대로 알지 못하거나 행복을 찾는 노력을 하고 있지 않기 때문이다.

이 책은 진짜 행복 찾기를 노래하고 있다. 행복이 무엇인지를 알려줄 뿐만 아니라 진짜 행복을 찾을 수 있도록 함께 고민하고 실천한다. 4차 산업혁명으로 대표되는 미래 사회변화를 전망하고 미래 사회에서도 행복한 삶을 살아가는 방법을 구체적으로 제시하고 있다.

이 책은 크게 2부로 구성되어 있다. 제1부에서는 '행복, 바르게 알기'를 주제로 1장 21세기와 행복, 2장 행복의 역사, 3장 행복의 심리학, 4장 행복한 사람들, 5장 예수가 선포한 '참 행복'을 다루고 있다. 이론적 배경에서부터 실제 사례, 성경을 바탕으로 행복을 설명하고 있다.

제2부에서는 '행복 찾기' 여행을 떠난다. 6장 성경적 강점, 7장 긍정적 정서와 사고, 8장 인간관계, 9장 행복과 직업, 10장 스트레스 관리, 11장 역경관리, 12장 21세기 행복심리학으로 구성되어 있다. 제2부에서는 행복을 찾기 위한 가이드를 제시하고 있다. 다양한 활동에 참여하다보면 어느 순간 '행복한 나'와 만날 수 있다. 일상에서 진짜 행복을 찾는 방법도 전수해준다. 마지막 장에서는 4차 산업혁명이 가져올 미래사회의 변화를 전망하고, 미래사회에서도 행복을 누리며 살 수 있는 방법 찾아 나선다.

이 책이 많은 사람들의 행복 찾기에 얼마나 큰 도움을 줄지는 미지수다. 사람마다 제각각 느끼는 행복에 대한 정답이나 공식을 제시해 줄 수 없기 때문에 더욱 그렇다. 그래서 이 책의 내용이 모두 정답이라고 자신있게 말하지는 못한다. 다만 이 책을 읽는 독자들이 행복했던 기억을 떠올리고, 행복한 미래를 꿈꾸는데 조그마한 도움이 되었으면 그것으로 족하다. 아무리 급속도로 변화하는 시대라도 행복을 기억하고 꿈꾸며, 그 행복을 구체적으로 디자인 해보는데 행복 찾기를 계속 시도한다면 언제나 행복할 수 있다고 믿는다. 이 책이 행복을 찾는 모든 이들에게 작은 등대가 되기를 희망한다.

그럼에도 불구하고 언제나 느끼는 것이지만 탈고 후에는 아쉬움뿐이다. 다시 내일을 바라본다.

부족한 부분은 판을 거듭하면서 수정·보완해 나가고자 한다.

이 책이 나오기까지 많은 분들의 도움이 있었다.

집필과 편집에 참여해 준 제자이자 동료들(김래경, 최은미, 김남원, 정천미)과 멋지게 책을 출판해 준 태영출판사 오세복 상무님과 김현태 사장님께 특별한 감사를 전한다.

2017년 7월 장선철

목 차

머리말 ---------- 3

제1부 행복, 바르게 알기

제 1장 21세기와 행복 ---------- 13

1) 21세기, 0차원에서 무한차원으로
2) 성공과 행복
3) 긍정심리학의 태동
4) 행복이란?

제 2장 행복의 역사 ---------- 43

1) 고대의 행복관
2) 중세의 행복관
3) 근대의 행복관
4) 20세기의 행복관

제 3장 행복의 심리학 ---------- 59

1) 욕망충족이론
2) 목표이론
3) 비교이론
4) 적응과 대처이론

제 4장 행복한 사람들 ---------- 83

1) 행복에 영향을 미치는 인구사회학적 요인

2) 행복에 영향을 미치는 심리적 요인

제 5장 예수가 선포한 '참 행복' ---- 101

1) 어디서, 어떻게

2) '행복하여라'

3) 산상수훈과 반대의 삶

4) 절대가치와 행복

제2부 행복 찾기

제 6장 성격적 강점 ---------- 125

1) 성격적 강점의 의미
2) 지혜와 지식과 관련된 강점들
3) 자애와 관련된 강점들
4) 용기와 관련된 강점들
5) 절제와 관련된 강점들
6) 정의와 관련된 강점들
7) 초월과 관련된 강점들

제 7장 긍정적 정서와 사고 ---------- 143

1) 긍정적 정서
2) 긍정적 정서의 적응적 기능
3) 긍정적 정서의 특징

제 8장 인간관계 ---------- 151

1) 행복에서 인간관계의 중요성
2) 행복에 중요한 사람들
3) 건강한 인간관계의 특성

제 9장 행복과 직업 ---------- 161

1) 행복에 있어서 직업의 중요성
2) 직업만족도
3) 직업과 자기실현

제 10장 스트레스 관리 ---- 175

1) 스트레스의 정의

2) 스트레스의 장점과 단점

3) 스트레스 대처 방안

제 11장 역경극복 ---- 191

1) 역경의 의미

2) 역경을 통한 성장

제 12장 21세기 행복심리학 ---- 205

1) 21세기의 특성

2) 산업혁명 역사와 사회변화

3) 4차 산업혁명의 정의

4) 미래사회에는 어떤 변화들이 생길까?

5) 미래사회 내다보기

6) 21세기가 요구하는 인재

7) 21세기 4차 산업혁명을 맞이하는 우리의 자세

8) 4차 산업혁명이 던지는 과제

참고문헌 ---- 243

제 1 부
행복, 바르게 알기

제 1장 21세기와 행복

1) 21세기, 0차원에서 무한차원으로

21세기, 제4차 산업혁명을 맞은 세계는 '어느 곳에서나 무엇이든지 가능한 시대(Age of Everything-Everywhere)'로 진입하고 있다. 첨단 기술 분야의 인수합병을 전문으로 하는 투자자문회사인 하버드 캐피탈 그룹의 창업자이자 사장인 노크(W. Knoke, 1996)는 이 말이 함축하는 바를 다음의 예로 설명하고 있다.

- 지금과 같은 국가의 개념은 구시대의 유물이다.
- 테러리즘이 기승을 부릴 것이다.
- 세계 곳곳에서 종교가 기승을 부릴 것이다.
- 세계를 통치하는 세계정부가 필연적으로 들어선다.

· 대기업들이 작은 기업들로 쪼개져 나간다.

· 경영전략과 경제이론에 대대적인 수정이 가해질 것이다.

· 현재의 근로자들이 습득하고 있는 작업기술은 미래에는 쓸 곳이 없다.

노크가 제시한 이런 예들은 미래사회는 급변하며, 그 변화의 속도는 우리의 상상을 훨씬 뛰어 넘는 형태로 이뤄질 것임을 시사한다.

인류의 역사는 점의 세계인 0차원의 세계에서 장소의 개념이 소멸된 4차원의 세계로 진입하여 왔다. 태초에 인류는 한두 가족, 두세 세대가 모여 살았다. 무리를 이루는 숫자가 많아지면 새로운 삶의 터전을 찾기 위해 살던 곳을 갈라져 나왔다. 세상이라는 땅덩어리에 퍼져 자급자족하는 점의 무리들이었다.

점의 세계, 이들은 0차원의 세계를 살고 있었다. 산을 넘기 시작하면서 호박길(the Amber Route)이 열리고 비단길(the Silk Road)이 열렸다. 고립된 점의 상태로 0차원의 세계에 살던 사람들이 길을 이용해 사회적 교제를 나누는 1차원의 세계로 도약했다.

넓은 세상을 알게 되었고 바깥 세상에 눈을 돌렸다. 지식과 기술이 길을 따라 전파되면서 눈덩이처럼 불어나기 시작했다. 종이와 잉크, 대수학과 기하학, 아마포와 유리가 세상에 알 려졌다. 하나하나의 점, 하나의 문화가 모여 선을 이루기 시작했다.

길이 길을 낳으면서 선과 선이 이어졌고 메소포타미아, 이집트, 인도, 중국에 제국이 등장했다. 페르시아, 그리스, 로마에도 제국이 들어섰다. 제국의 왕들은 자신들의 권력을 유지하고 그 권력을 확장하는 데 길이 중요함을 잘 알았다. 늪과 강과 숲과 절벽을 뚫고 일직선의 길을 놓았다.

2차원의 세계에서는 길만 놓이면 제국의 군사들이 그 길을 따라 신속히 영토를 넓혔다. 도로망의 발달과 더불어 2차원의 세계지도가 나왔다. 15세기에 접어들어 커다란 변화가 나타났다. 항해술의 발달은 바다를 건너 지구표면 어디든지 자유롭게 접촉할 수 있는 2차원의 혁명시대를 완성했다. 지리상의 발견시대는 인류를 온전히 2차원의 세계로 진입하게 하였다.

산을 넘고 바다를 건널 수 있게 됨으로 장소의 제약을 벗어난 자유의 매력을 맛 본 발명가들이 하늘을 날 수 있다는 꿈을 꿨다. 레오나르도 다빈치가 이 꿈에 매달렸다.

18세기 19세기에 기구를 이용해 하늘을 날게 되었고, 글라이더가 구름을 가르기 시작했다. 20세기에 들어서자마자 3년도 안 되어 비행기가 하늘을 날았다. 하늘이란 넘을 수 없을 것 같았던 공간의 제약과 민족과 민족, 나라와 나라 사이의 경계가 허물어졌다.

18~19세기에 기구를 이용해 하늘을 날게 되었고, 글라이더가 구름을 가르기 시작했다. 20세기에 들어서자마자 3년도 안 되어 비행기가 하늘을 날았다. 하늘이란 넘을 수 없을 것 같았던 공간의 제약과 민족과 민족, 나라와 나라 사이의 경계가 허물어졌다.

새로운 국제질서가 생겼다. 다국적 기업이 생겼다. 하룻밤 사이에 인력과 부품과 완제품을 세계 어느 곳으로나 옮길 수 있게 되었다. 3차원, 공간의 세계가 열린 것이다. 지구의 반대편에 자리한 두 초강대국이 이 3차원 세계의 주도권을 쥐기 위해 진정한 의미의 3차원이랄 수 있는 우주 공간에다 우주정거장까지 만들어 놓았다.

무의미한 점처럼 흩어져 살던 초기인류가 점 사이의 물물교환을 통해 1차원의 세계로 진입하면서 마을과 도시국가를 만들었다. 1차원의 상징은 선, 곧 길이었다. 2차원의 세계에서는 많은 왕국들이 탄생했고 뒤이어 강력한 제국들이 들어섰다. 3차원의 세계에서는 국가의 경계가 사라지게 되었고 우주로까지 길을 넓혀 나갔다.

문제는 그 변화의 속도이다. 점으로 모여 살던 0차원의 세계에서 길과 길로 이어지는 1차원의 세계는 수천 년을 넘어 오랫동안 지속되었다. 바다를 정복하면서 시작된 2차원의 세계는 500년간 이어졌다. 그런데 하늘을 정복하며 등장한 3차원의 세계는 겨우 50년간 지속됐을 뿐이다. 이제 그 어느 시기보다 빠른, 그 어느 시기에서는 상상도 할 수 없었던 속도로 변화가 이뤄질 21세기, 4차원의 세계에 접어들었다.

알라딘이 램프에서 요정처럼 순식간에 힘도 안들이고 사물을 아무 곳이나 이동시킬 수 있는 세상이 열렸다. 시간과 장소라는 제약을 벗어나 거리 개념이 소멸된 4차원의 세계에 들어섰다. '가상현실(virtual reality)'이나 '사이버스페이스(cyber- space)' 시대가 열렸다. '어느 곳에서나 무엇이든지 가능한 시대(Age of Everything-Everywhere)'로 진입하고 있다.

이에 따라 생활이 더욱 편리해지고 쾌적해졌으나 현대인은 급변하는 미래에 대한 불확실성, 가치관의 혼돈, 문화 차의 극대화, 의사결정과 선택의 곤란성, 이혼과 가정상실, 한층 복잡해지고 심각해진 교육, 피상적인 인간관계, 소외감과 실존적 공허, 종교의 문제로 심한 가슴앓이를 하고 있다. 나아가 급변하는 현대사회 속에서 잦은 진로변경 등 자아실현을 위한 직업선택과 결정, 그리고 적응의 문제가 한 개인의 관심사는 물론, 주요 사회적 이슈로 등장하게 된 것이다.

2) 성공과 행복

20세기 최고의 영성가 토마스 머튼(Thomas Merton, 1915. 1. 31 ~ 1968. 12. 10)을 배출한 미국의 트라피스트 수도원(A Trappist convent)에는 '단기 수도원 체험 프로그램' 참여 신청자들이 넘쳐난다. 대부분 나이가 많고 부와 명예를 누렸던 사람들이다. 이들은 하나같이 이렇게 말한다고 한다.

"내 삶은 공허하고 허무하다. 세상의 명예와 부는 아무것도 아니다. 이런 것을 얻어도 나는 늘 근원을 알 수 없는 갈망을 느낀다. 진정한 행복은 무엇이며, 어디에 있는가?"

이들 중 적지 않은 사람들이 프로그램을 마친 후에 아예 그곳에 들어가 살기로 작정한다. 사회적으로 더 이상 바랄 게 없을 것 같은 이들이 말년에 와서 기도, 묵상, 육체노동, 산책과 같은 단순한 삶을 추구하고 있다. 이들은 '성공하면 행복할 것이다'라는 신기루를 좇아 치열하게 살다가 결국 '이긴 아닌데…'. '이것이 행복을 보장해 주지 않는구나'라는 사실을 깨닫게 된 것이다. 즉, 성공을 해 봤더니 '행복'이 아니라 오히려 감당하기 어려운 '우울증'이 찾아올 수도 있으며, '성공'의 추구가 '끝없는 달리기'라는 사실을 알게 되었다.

영국에 한 노인이 있었다. 그는 누가 보아도 행복해 보였다. 하루는 노인에게 사람들이 물었다. "어르신, 어쩜 그렇게 항상 밝고 즐거우신지요? 그 비결이 무엇인지 좀 가르쳐 주십시오."노인이 활짝 웃으며 답하였다.

"비결이랄 게 있나? 아침마다 눈을 뜨면 행복과 불행 중 한 가지를 선택하는 거지. 나는 그 중에서 늘 행복을 선택할 뿐이라네."

행복은 나의 선택에 달려 있다는 예화이다.

영어 단어 'Happiness'에는 행복의 의미가 함축되어 있다. 이 단어의 어원은 '발생한다'라는 뜻을 지닌 'Happen'이다. 즉, 행복은 '발생되는 것'이지 '쟁취되는 것'이 아니다. 행복은 쟁취나 획득되는 것이 아니라, 발생되고 창조되는 것이다. 획득은 어려워도 발생은 쉽다. 발생은 발상의 전환으로도 가능하기 때문이다.

같은 평수의 아파트에 살면서, 어떤 사람은 그 아파트를 궁전 같은 행복의 보금자리로 여기는 반면, 어떤 이는 남에게 감추고 싶은 수치의 현장으로만 간주할 수도 있다.

한때 해적에게 붙잡혀 노예로 팔리기도 했던 그리스의 위대한 철학자 디오게네스(Diogenes). 어느 날 그에게 손님이 찾아 왔다. 바로 알렉산더(Alexander) 대왕이었다. 그는 사람을 시켜 몇 번이나 디오게네스를 초청했으나, 디오게네스는 만나주질 않았다. 결국 알렉산더 대왕은 직접 디오게네스를 만나러 길을 나섰다.

마침 디오게네스는 둥그런 나무 통 안에 앉아 일광욕을 즐기고 있었다. 그와 한찬 이야기를 나누던 중 알렉산더는 문득 디오게네스에게 물었다.

"지금 내가 당신을 위해 해 줄 수 있는 일은 무엇이오? 나는 당신이 원하는 것이라면 무엇이든 들어줄 수 있는데 말이오."

디오게네스가 답하였다.

"그러시다면 제발 좀 비켜서서 폐하의 그림자를 치워주시겠습니까? 폐하의 그림자가 현재 해와 저 사이를 가리고 있습니다."

이 일화는 행복의 열쇠가 '만족'에 있음을 말하고 있다. 즉, 행복은 이미 우리 곁에 있으니, 누리기만 하면 된다는 것이다.

3) 긍정심리학의 태동

모든 사람이 궁극적으로 추구하는 '행복'에 대한 체계적인 학문적 접근이 이루어진 것은 최근의 일이다. 고대부터 현대에 이르기까지 많은 철학자나 종교인들이 행복론을 제시해왔으나 이러한 행복론은 주관적인 체험과 사유에 근거한 개인적인 주장일 뿐 체계적인 학문적 접근이라고 할 수 없기 때문이다. 아리스토텔레스 이후 2,000여 년 동안 별다른 진전을 이루지 못했던 행복에 대한 과학적 접근은 셀리그먼(Martin Seligman)을 비롯한 여러 심리학자들이 행복에 대한 집중적인 연구를 하기 시작하면서 비로소 본격적으로 시작되었다. 그 결과 21게기에 접어들면서 긍정 심리학이 태동되었고, 행복'을 비롯한 인간의 긍정적인 측면을 과학적으로 탐구하기 시작하였다.

심리학은 19세기 후반에 철학으로부터 독립하여 인간의 정신세계를 과학적으로 탐구하는 학문으로 탄생되었다. 제2차 세계대전 이전의 초기 심리학은 인간의 의식과 행동에 대한 과학적 연구를 통해서 구현하고자 하는 세 가지의 실천적 사명을 지니고 있었다(Seligman, 2000). 정신장애를 치료하고, 탁월한 재능과 천재성을 발견하여 육성하며, 모든 사람들이 좀 더 행복한 삶을 살도록 돕는 일이다.

그러나 제2차 세계대전을 겪으면서 심리학은 '정신장애 치료'에 매달렸다. 전쟁에서 돌아온 수많은 퇴역군인들이 참전후유증으로 다양한 심리적 장애를 나타내게 되었다. 미국에서는 이들을 돕기 위한 「퇴역군인 지원법」이 1946년에 제정되었고, 그 결과 많은 심리학자들이 심리적 장애를 치료하는 일에 종사하게 되었다. 1947년에는 국립정신보건원(NIMH: National Institute of Mental Health)이 창립되었다. 국립정신보건원은 질병모델에 근거하여 정신장애의 연구와 치료에 집중적인 투자를 하였다. 많은 학자들 역시 연구비를 받기 위해서 정신장애에 관한 연구에 학술적 관심을 집중하게 되었다. 그 결과, 심리학의 첫 번째 사명과 관련된 많은 성과가 있었던 것은 사실이다. 다양한 정신장애의 원인에 대한 이해가 증대되었으며, 1950년대 초까지 적절한 치료방법이 없었던 주요한 정신장애를 효과적으로 치료할 수 있는 방법들이 개발되었다. 이렇게 정신장애의 연구와 치료에 관심을 집중하는 과정에서 심리학은 '다양한 재능과 천재성의 발견 및 육성'과 '행복한 삶'이란 초기의 두 가지 사명을 놓치게 되었다.

인간이 지니는 다양한 재능과 천재성의 발견 및 육성이라는 두 번째 사명은 심리학의 초기에 지능 발달과 창의성에 대한 연구를 통해 부분적으로 이행되었다. 그러나 극소수의 연구를 통해서 재능과 천재성을 어떻게 육성할 것인지에 대한 관심이 이어져 왔을 뿐, 두 번째 사명은 오랫동안 심리학자들의 주된 관심사에서 벗어나 있었다. 또한 인간의 행복 증진이라는 세 번째 사명 역시 정신장애에 대한 편향적 관심 속에서 망각되었다. 대다수 심리학자들은 부정 정서와 정신장애에 대한 연구에 집중했다. 심리치료자들은 정신장애 환자의 부적응적 증상을 제거하는 일에만 주된 관심을 쏟았을 뿐 이들의 행복과 성장 증진에는 깊은 관심을 갖지 못했다. 즉, 심리학은 평범한 모든 사람들이 좀 더 행복하고 만족스러운 삶을 영위하도록 돕는 사명을 망각했다.

그 결과 심리학은 인간의 어두운 측면만을 다루는 학문분야로 전락하게 되었다. 심리학자들은 정신장애, 심리적 결함, 부적응 행동, 이상심리와 같이 인가의 부정적 측면에만 관심을 지니는 사람들로 여거지게 되었다. 1990년대까지 이루어진 심리학 연구 중에서 인간의 부정적 측면을 연구한 논문이 긍정적 측면을 다룬 논문보다 17배나 많았다. 물론 이러한 학술적 노력은 소중한 것이며 그동안 눈부신 성과를 거둔 것도 사실이다. 그러나 심리학은 인간의 긍정적 측면을 탐구하고 육성하는 두 가지 중요한 사명을 망각한 채 반쪽짜리 심리학으로 전락하게 되었다. 뿐만 아니라 심리학이 담당해야 할 영역을 인간의 부정적 측면에 대한 연구와 치료로 축소시키고 제한하는 결과를 초래하게 되었다.

심리학이 제자리를 찾아야 한다는 움직임이 움텄다. 1996년에 저명한 임상심리학자인 셀리그먼(Martin Seilgman)이 미국심리학회 차기회장으로 선출되었다. 정신건강의 질병모델에 대해 회의적인 태도를 지니고 있던 그는 심리학계에 활기와 생동감을 불어넣을 수 있는 새로운 관점이 필요하다고 믿었다. 심리학자들은 치료뿐만 아니라 예방에도 주력해야 한다고 생각했다. 그는 질병모델이 예방에 효과적이지 않을 뿐만 아니라 젊은 심리학자들의 관심과 흥미를 끌기에는 너무 진부한 것이라고 생각했다.

이러한 생각에 몰두하고 있던 셀리그먼은 어느 날 어린 딸 니키(Nikki)와의 우연한 경험을 통해서 커다란 깨달음을 얻었다. 당시 다섯 살에 불과한 어린 딸이 스스로를 긍정적으로 변화시키며 성장하기 위해 부단히 노력하고 있다는 것을 발견하면서, 그는 심리학이 인간의 긍정적 변화와 성장을 돕는 학문이 되어야 한다는 확신을 갖게 되었다.

그는 다음날 몰입의 연구자로 잘 알려진 칙센트마이어(Mihaly Csikszentmihalyi)에게 전화하여 심리학의 새로운 분야를 열기 위한 논의를 하자고 제안하였다. 이 회동에는 전임 미국심리학 회장인 파울리(Ray Fowler)를 비롯한 몇몇 학자들이 참석했으며 며칠 동안 숙식을 함께하며 심리학의 과거와 미래에 대한 깊이 있는 논의가 이루어졌다. 이 회동은 긍정 심리학(Positive Psychology)이라는 새로운 학문분야가 태동하는 계기가 되었다.

긍정 심리학은 인간의 강점과 재능을 함양하고 행복을 증진시키는 심리학의 중요한 사명을 재확인하고 구현하려는 노력이라는 것이다. 셀리그먼의 제안을 계기로 인간의 행복과 강점에 대한 연구가 급

격하게 증가하였다.

* 긍정 심리학의 창시자, 마틴 셀리그먼은?

마틴 셀리그먼(Martin E. P. Seligman)은 1942년 8월 12일 뉴욕의 올버니(albany)에서 태어났다. 프린스턴 대학에서 철학을 전공하였으며 1967년에 펜실베이니아 대학에서 임상심리학 박사학위를 받았다. 그는 1975년에 우울증을 설명하는 학습된 무기력 이론(learned helpessness theory)을 발표하여 세계적인 명성을 얻게 되었으며 이후에는 절망감 이론(hopelessness theory)을 제시한 바 있다. 본래 우울증의 연구자였던 셀리그먼(Seligman)은 1991년에 『학습된 낙관주의(Learned Optinism)』라는 저서를 발표하면서 인가의 긍정적 측면과 행복에 대해 깊은 관심을 갖게 되었으며, 1998년 미국심리학회장에 취임하면서 긍정 심리학을 창시하였다.

그가 1996년에 미국심리학회장으로 출마했을 때, 대학교 연구실에 평생을 보낸 학자가 15만 명의 심리학자를 이끌어야 하는 힘들고 어려운 일을 왜 하려고 하는지 묻는 사람들이 많았다고 한다. 이러한 물음과 관련하여 그는 다음과 같이 회상하고 있다. "이상하게 들리겠지만, 나는 내가 어떤 사명을 지니고 있다고 믿었다. 하지만 그 당시에는 그 사명이 무엇인지 몰랐다. 그러나 미국심리학회를 이끌어야 하는 위치에 서게 되면서 나의 사명을 발견하게 되었는데, 그것은 긍정 심리학을 개척하는 것이었다."

셀리그먼은 2002년에 『진정한 행복(Authentic Happiness)』를 발간하여 긍정 심리학의 토대를 제시했으며, 이 밖에도 『낙관적인 아동(The Optimistic Child)』, 『변화시킬 수 있는 것과 없는 것(What You Can Change and What You Can`t)』과 같은 베스트셀러의 저자이기도 하다. Haggbloom 등(2002)에 따르면, 그는 심리학 개론서에서 13번째로 많이 인용되는 저명한 심리학자이다.

셀리그먼은 현재 펜실베이니아 대학의 심리학과 교수로 재직하고 있다. 부인인 Mandy와의 사이에 일곱 명의 자녀를 두고 있으며, 자녀를 모두 정규학교에 보내지 않고 홈스쿨링을 통해서 양육하고 있다. 셀리그먼(2002)은 긍정 심리학을 착안하는 계기가 되었던 니키와의 우연한 경험을 다음과 같이 전하고 있다.

나는 다섯 살이 갓 지난 딸 니키와 함께 정원에서 잔디를 깎고 있었다. 나는 아동에 관한 여러 권의 책을 썼지만 좋은 아빠가 아니었다는 점을 먼저 고백한다. 그때 나는 시간에 쫓기고 있었으며 잔디를 깎는 일에 목표 지향적으로 집착하고 있었다. 그런데 니키는 깎아놓은 잔디를 하늘로 던지며 장난을 치고 있었다. 그래서 니키에게 하지 말라고 냅다 소리를 질렀다. 그녀는 그런 나를 보고 저만치 가다가 돌아서서 이렇게 말했다. "아빠, 말할 게 있어요." "그래, 말해 보거라." "아빠, 다섯 살이 되던 생일날 이전에 내가 어땠는지 아세요? 세 살부터 다섯 살이 될 때까지 나는 울보였어요. 나는 매일 징징거리며 울곤 했지요. 하지만 다섯 살이 되면서 나는 더 이상 징징거리며 울지 않기로 마음먹었어요. 그건 그동안 내가 한 일 중에서 가장 어려운 일이었어요. 하지만 나는 해냈어요. 나도 징징거리며 우는 것을 그만둘 수 있으니까, 아빠도 심술부리는 것을 그만둘 수 있을 거예요."

나는 그때 충격을 받았으며 자녀를 키우는 일에 대해서, 나 자신에 대해서 그리고 나의 직업에 관해서 많은 것을 깨닫게 되었다. 우선, 자녀 양육에서 중요한 것은 니키의 징징거리며 우는 부정적인 행동을 그만두게 하는 것이 아니라는 깨달음이었다. 그녀는 스스로 그 일을 해냈다. 오히려 자녀 양육에서 중요한 것은 니키가 지니고 있는 강점을 찾아서 키워주는 것이다. 부모의 역할은 그러한 강점을 잘 발휘하도록 도움으로써 미래에 겪게 될 역경을 잘 극복하도록 하는 것이다.

나에 대한 니키의 지적은 옳았다. 나는 불평꾼이었다. 귀여운 자녀들 속에 둘러싸여 살면서도 불평만을 일삼았다. 니키가 했던 것처럼 나도 그 순간부터 나 자신을 바꾸기로 결심했다. 그 일은 내가 평생 동안 해왔던 어떤 일보다 더 어려운 일이었지만 말이다.

니키와의 경험을 심리학자라는 나의 직업적 세계에도 영향을 미쳤다. 그동안의 심리학이 반만 구워진 빵이라는 점을 자각시켰다. 우리는 정신장애의 연구와 치료에서는 많은 진전을 이루었지만 다른 많은 영역에서는 별 진전을 이루지 못했다. 심리학은 질병, 약점, 결함의 탐구일 뿐만 아니라 행복, 강점, 덕성에 대한 학문이기도 해야 한다는 확신을 얻게 되었다.

4) 행복이란?

쾌락과 행복은 다르다. '쾌락'이라는 용어는 주로 자연적으로 도취된 기분을 지칭한다. 신경전달물질인 도파민(dopamine)은 음식, 섹스, 약물과 기타 쾌락 자극 물질에 반응해 뇌에서 분비된다. 그래서 도파민은 뇌의 쾌락물질이라고 부르기도 한다.

쾌락은 동물적인 감각이 순간적으로 왔다가 빠르게 사라지는 것이다. 쾌락은 경험하면 일시적으로 기분이 좋아질 뿐이다. 결국 쾌락을 추구하는 사람은 자극의 정도를 높이거나 새로운 자극원을 찾게 된다.

반면 행복은 장기간에 걸친 내적 감정을 지칭하는 용어로, 잘살고 있다는 느낌을 의미한다. 사람은 일시적인 쾌락보다는 지속적인 행복을 추구하기 마련인데, 이러한 느낌은 뇌의 물리적인 상태이며 의도적으로 만들어낼 수 있다. 이러한 느낌은 뇌의 물리적인 상태이며 의도적으로 만들어낼 수 있다. 심리학자이자 BBC 행복위원회 위원인 리처드 스티븐스도 이 점을 인정했다. "자신의 의지대로 감정을 바꾸기란 쉬운 일이 아니니다. 하지만 어떻게 받아들일지는 결정할 수 있다. 긍정적인 생각을 계속하다 보면 기분도 좋아질 수밖에 없다. 그래서 '좋았던 일'을 떠올려보는 습관이 행복을 키우는 데 매우 효과적이라는 것이다."

쾌락은 나이트클럽을 전전해도 얻을 수 있다. 반면 행복은 좋은 책을 읽거나 새로운 기술을 습득하는 과정에서 생긴다. 물론 쾌락이 전적으로 나쁘다는 것은 아니니다. 다만 많은 사람들이 쾌락과 행복은 동일시하는 실수를 저지른다는 것이 문제이다.

행복에 대한 철학적 주장은 크게 두 가지 입장으로 구분될 수 있다. 그 첫째는 쾌락주의적 입장으로서 행복은 개인이 주관적으로 경험하는 유쾌한 상태라는 관점이다. 행복은 개인이 자신의 삶에 대해서 만족스럽게 느끼는 주관적인 상태라는 생각이다. 다른 하나는 자기실현적 입장으로서 행복은 개인의 잠재적 가능성을 충분히 발현하는 것이라는 관점이다. 성격적 강점과 덕목을 충분히 계발하고 발휘함으로써 인생의 중요한 영역에서 의미 있는 삶을 구현하는 것이 행복이라는 생각이다.

긍정 심리학은 이러한 두 가지 철학적 입장에 근거하고 있다. 전자의 입장에서 행복을 탐구하는 심리학자들은 긍정적인 주관적 경험들(주관적 안녕, 행복감, 삶의 만족도, 몰입 경험, 긍정 정서 등)에 초점을 맞추고 있다. 반면에 후자의 입장을 중시하는 심리학자들은 인간의 긍정적 특질, 즉 성격적 강점과 덕목(지혜, 용기, 창의성, 관용, 절제, 영성 등)의 연구에 초점을 맞추고 있다.

행복이라는 용어는 다양한 의미를 함축하고 있는 일상적인 용어이기 때문에 긍정심리학자들은 좀 더 구체적인 의미를 지닌 용어를 사용하려고 한다. 행복을 쾌락주의적 관점에서 탐구하는 연구자들은 주관적 안녕(subjective well-being)이라는 용어를 선호한다. 주관적 안녕은 개인이 자신의 삶을 긍정적으로 경험하는 주과적인 심리상태를 의미한다. 또한 삶에 대한 인지적 평가에 초점을 맞추어 삶의 만족도(life satisfaction) 또는 삶의 질(quality of life)이라는 용어가 사용되기도 한다.

주관적 안녕은 가장 널리 사용되고 있는 용어로서 정서적 요소와 인지적 요소로 구성되어 있는 것으로 여겨지고 있다(Diener, 1984, 1994). 주관적 안녕의 정서적 요소는 긍정 정서와 부정 정서를 말한다. 즉, 행복감, 즐거움, 환희감과 같은 긍정 정서를 자주 강하게 경험하는 반면, 우울감, 슬픔, 질투감과 같은 부정 정서를 덜 경험할수록 주관적 안녕의 수준이 높다고 보는 것이다. 긍정 정서와 부정 정서는 서로 연관되어 있으나 상당히 독립적인 것으로 알려져 있다.

주관적 안녕의 인지적 요소는 개인이 설정한 기준과 비교하여 삶의 상태를 평가하는 의식적이고 인지적인 판단을 의미하며 삶의 만족도라고 지칭된다. 인간은 자신을 삶을 전체적으로 또는 영역별로 평가하고 그 결과가 긍정적일 때 만족감을 느끼게 된다.

주관적 안녕을 구성하는 정서적 요소와 인지적 요소는 서로 밀접한 관계에 있지만 상당히 독립적으로 변화하며 다른 요인과의 관계에서 차이를 나타낸다. 일반적으로 정서적 반응은 단기적인 상황변화에 대한 직접적인 반응으로서 지속기간이 짧으며, 무의식적 동기나 생리적 상태에 의해 영향을 받는 경향이 있다. 반면에 인지적 반응은 보다 장기적인 삶의 상태에 대한 의식적 평가로서 삶의 가치관이나 목표에 의해 영향을 받는다. 이러한 심리적 요소로 구성되는 주관적 안녕은 많은 긍정 정서와 적은 부정 정서 그리고 높은 삶의 만족도를 경험하는 상태로 정의되고 있다. 주관적 안녕의 구성요소를 좀 더 자세하게 제시하면 〈표〉와 같이 요약될 수 있다(Diener, Suh, Lucas, & Smith, 1999).

〈표〉 주관적 안녕의 구성요소

구성요소		인지적 구성요소	
긍정 정서	부정 정서	만족도 평가차원	평가 영역
즐거움 만족감 행복감 자존감 애정감 고양감 환희감	슬픔 우울감 불안감 분노감 질투감 부담감 죄책감/수치감	현재의 삶에 대한 만족도 과거의 삶에 대한 만족도 미래의 삶에 대한 낙관도 삶의 변화에 대한 필요성 자신의 삶에 대한 중요한 타인의 견해	자기 가족 건강 직업 여가 재정상태 소속집단

행복은 인간이 잘 먹고 잘사는 생활에서 가장 중요한 감정적 상태를 말한다. 여기에는 기쁨. 환희. 희열. 황홀함(bliss), 사랑과 같은 감정이 혼재되어 있다. 영어에서 행복을 뜻하는 'happy'는 고대 스칸디나비아 말인 'happ'에서 유래했는데, 원래 이 단어의 뜻은 '행운'이라고 한다.

오래전부터 철학자들은 행복의 정확한 정의를 내리기 위해 고심해왔다. 플라톤과 아리스토텔레스에서 달라이 라마에 이르기까지 위대한 사상가들이 이 문제에 매달렸다. 지금까지 나온 정의들을 보면 '결핍과 곤궁으로부터 자유로움', '올바로 잡힌 사물의 질서에 대한 인식', '우주나 사회에서 자신의 위치를 확신하는 상태' 또는 '마음의 평화'등이 있다. 좀더 일반적으로는, 행복은 '사람을 포함한 동물이 불행과 궁극적으로 죽음을 유발할 수 있는 외부의 힘에 맞서기 위해 행동으로 나서는 상태'로 정의할 수 있다.

정의는 제각각이지만 모든 사람이 동의하는 부분이 있다. 즉, 행복은 유일하게 바람직한 생필품이라는 것이다. 어떤 문화를 살펴보더라도 사람들은 행복을 인생의 궁극적인 목표이며 돈보다 더 중요하다고 여긴다. 미국은 "생명, 자유 그리고 행복 추구권"을 헌법에 명기하고 있을 정도니 말이다.

행복한지 아닌지를 검사로 알아보는 데 관심을 가진 연구자들은 양전자방출단층촬영술(PET)을 이용해 뇌를 스캐닝하기도 한다. 이 검사의 목적은 특정한 기분이나 감정이 뇌의 여러 부분에서 어떤 전기적·화학적 활동 패턴을 보이는 알아보는 것이다.

검사에 따르면 행복과 슬픔을 느낄 때 나타나는 뇌의 활동 패턴은 다르다. 사람들이 행복감을 느끼면 주로 좌측 안구 바로 뒤인 좌측 전전두엽피질에서 전기적 활동성이 강화된다. 이 부분의 활동이 활발한 사람들은 자신의 감정을 잘 조절하고 분노감에서도 쉽게 회복되는 것으로 나타났다.

또한 연구자들은 긍정적인 감정의 근원을 밝혀내기 위해 연구를 시작했다. 다음은 최신 연구 결과이다.

〈행복에 관한 20가지 사실〉

1. 유전자와 교육이 행복을 유발하는 요인 중 50퍼센트를 차지한다면 우리가 처해 있는 상황(소득과 환경)은 겨우 10퍼센트에 불과하다. 나머지 40퍼센트는 사람들의 인생관과 각종 활동으로 대인관계, 우정, 일, 공동체 활동 또는 운동이나 취미 생활 등이 포함된다.
2. 일단 기본적인 욕구가 충족되면 여분의 돈이 있다고 해서 인생이 더 만족스럽거나 행복해지지는 않다(행복해지려면 적어도 100만 파운드 정도는 있어야 한다고 말하지도 모른다. 하지만 그런 횡재를 해도 효과는 잠시뿐이다).
3.나이든 사람이 젊은 사람보다 삶에 대해 더욱 만족하는 태도를 보인다. 질병통제예방센터(CDC)가 최근 실시한 연구 자료를 보면, 20~24세의 사람들이 한 달 중 우울한 기간은 평균 3.일인 반면 65~74세의 사람들은 2, 3일에 불과했다.
4. 만약 당신이 6개월 동안 일주일에 세 번씩 20분간 운동을 하면 전보다 10~20퍼센트는 더 행복해질 것이다.
5. 심리 테스트에서 행복감이 높게 나온 사람들이 독감 예방 주사를 맞으면 평균 정도로 나온 사람들보다 항체가 50퍼센트나 더 많이 형성된다.
6. 네덜란드 에라스무스 대학의 '행복에 관한 세계의 데이터베이스

(World Database of Happiness)'에 따르면, 공식적으로 가장 행복한 나라는 덴마크이면 그 뒤를 몰타, 스위스, 아이슬란드, 아일랜드 그리고 캐나다가 뒤따르고 있다.

7. 오늘날 미국은 두 세대 전과 비교해 임상우울증이 3~10배 정도 더 일반적이다.
8. 이민자들은 자신의 고국보다 이민 가서 정착한 나라의 행복 기준을 더 중시하는 경향이 있다.
9. 스칸디나비아 반도의 국가들처럼 소득 평등 정도가 높은 나라의 국민들은 미국처럼 부의 분배가 평등하지 않은 나라의 사람들보다 더 행복한 경향이 있다. 사람들은 소득 증가보다 지방자치와 직접 민주주의를 더 많이 행사할 수 있는 상태를 선호한다.
10. 돈이 더 많은 직장인은 그렇지 못한 직장인에 비해 더 행복하다. 그런데 연구 결과를 보면 행복한 사람이 부자가 될 가능성이 더 높다고 한다. 따라서 이것은 '부자 닭이 먼저냐 부자 달걀이 먼저냐'의 문제라고 할 수 있다.
11. 뇌졸중이나 쇠약성 질병을 앓고 있는 사람들은 단기간에 엄청난 고통을 받는다. 그러나 시간이 지나면 그들이 느끼는 행복감은 대다수의 사람들이 느끼는 수준에 약간 못 미칠 뿐이다.
12. 사람들은 결혼을 할 때 행복감이 절정에 달하지만 시간이 지나면 행복감의 정도는 결혼 전의 수준으로 돌아간다.

13. 타인과 꾸준한 관계를 유지하는 사람들이 외톨이보다 더 행복하다.
14. 인생에 대한 만족도가 가장 낮은 시기는 여자는 37세, 남자는 42세이다.
15. 하루에 100~200회 정도 배꼽이 빠져라 웃으면 운동 효과가 최고조에 달해 500칼로리가 연소되는 것과 같은 효과를 낳는다.
16. 황금이 있다고 행복한 것은 아니다. 올림픽에 참가한 선수들을 연구해 보니, 동메달리스트가 은메달리스트보다 더 행복했으며 금메달리스트보다 더 행복한 경우도 있었다. 오스트레일리아 국가대표팀의 수석 심리학자인 그레엄 윈터스에 따르면, 접전에서 패해 2위에 그치는 것보다 예상치도 못한 3위를 했을 때 더 기쁘다고 한다.
17. 혁신적인 사회심리학자였던 마이클 아가일 교수는 방대한 양의 행복 연구를 수행한 후, 사람들을 행복하게 만드는 것 중에는 운동이나 음악도 있지만 댄스가 단연 최고라는 연구 결과를 발표한 바 있다. 쉽게 찾아갈 수 있는 멋진 운동 시설로 한 나라의 행복 수준이 올라갈 수도 있다. 그룹 댄스 활동은 운동, 음악, 공동체 활동, 타인과의 접촉과 규칙이 복합되어 있기 때문에 운동과 마찬가지로 행복 수준을 확실하게 끌어올린다.
18. 몇몇 연구 결과에 따르면, 반려동물(애완동물)을 키우면 혈압과

스트레스가 감소하여 건강과 행복을 증진시킬 수 있다.

19. 하버드 대학에서 지난 40년간 실시한 아동 양육 실태를 새롭게 검토한 결과 많이 안아준 아이들이 행복하게 자라는 것으로 나타났다.

20. 사람들은 기분이 좋을 때 독특한 냄새를 발산하기도 한다. 과학자들이 알아낸 바에 의하면, 몸에서 풍기는 냄새만으로도 그 사람의 기분 상태를 알아낼 수 있다. 남녀 피실험자들이 코미디나 공포 영화를 보는 동안 그들의 겨드랑이에 가제를 대어 냄새를 채집하는 실험을 해보았다. 일주일 후 연구진은 이 실험을 전혀 모르는 사람들에게 기분 좋은 사람과 공포에 떠는 사람의 가제가 어떤 것인지 구분해 보라고 했다. 그러자 사람들은 놀라울 만큼 정확하게 구분했다고 한다.

함께 생각하기) 내 행복지수는 얼마일까?

〈삶에 대한 만족도〉

1. 현재의 삶에 만족합니까?

1(전혀 그렇지 않다)에서 10(매우 그렇다) 사이의 숫자를 적으세요. (   )

〈일반적인 행복수준〉

2. 평소에 당신은 얼마나 행복/불행하다고 느낍니까?

아래에서 평균적인 행복 체감도를 묘사하는 항복 하나를 골라 V자 표시하세요.

- 더없이 행복하다(황홀하고 환희에 차 있으며 환상적인 기분이다) □
- 대단히 행복하다(정말 기분 좋고 의기양양하다) □
- 꽤 행복하다(기분이 고양되어 있으며 좋다) □
- 약간 행복하다(기분이 썩 좋으며 활기도 있다) □
- 중간이다(특별히 좋지도 나쁘지도 않다) □
- 조금 불행하다(조금 더 아래 수준이다) □
- 꽤 불행하다(약간 우울하고 기분이 저조하다) □
- 대단히 불행하다(의기소침하며 기분이 매우 저조하다) □
- 더없이 불행하다(대단히 우울하며 기분이 완전히 가라앉았다) □

3. 행복, 불행 및 중간 정도(행복하지도 불행하지도 않은 상태)의 기분을 느끼는 시간의 비율은 얼마나 됩니까?

다음 세 항목에 1 ~ 100 사이의 숫자를 적으세요. 숫자의 합이 100%가 되어야 합니다.

행복하다고 느끼는 시간은 평균 몇 퍼센트입니까?	%
불행하다고 느끼는 시간은 평균 몇 퍼센트입니까?	%
중간 정도 (행복하지도 불행하지도 않은 상태) 라고 느끼는 시간은 평균 몇 퍼센트입니까?	%

〈일상생활에 대한 만족도〉

4. 아래에 나온 일상생활에서 얼마나 행복합니까?

1부터 10까지 나와 있는 칸에 V자 표시하세요. (1=전혀 행복하지 않다, 10=매우 행복하다)

일상생활	1	2	3	4	5	6	7	8	9	10
일(직장이없다면무보수의일)										
가정										
여가 생활										
인간관계										
가족										
지역 공동체										
지역 환경										
식생활										
운동										
자기 자신										

〈슬라우 설문조사〉

5. 아래는 슬라우에서 행한 설문조사입니다. 다음 각각의 항목에 대해 얼마나 동의하는지 1~10에 해당하는 칸에 V자를 표시하세요. 전혀 동의하지 않는다면 1, 전적으로 동의한다면 10에 V자를 표시하십시오. 부분적으로 동의하거나 그렇지 않다면 적당한 숫자에 해당하는 칸에 표시하십시오.

다음 항목에 얼마나 동의합니까?	1	2	3	4	5	6	7	8	9	10
1. 살면서 겪는 문제를 대체로 잘 처리 할 수 있다.										
2. 요즘처럼 즐거운 때는 없는 것 같다.										
3. 남들이 나를 높이 평가한다고 느낀다.										
4. 나는 틀에 박힌 삶을 살고 있다.										

다음 항목에 얼마나 동의합니까?	1	2	3	4	5	6	7	8	9	10
5. 내가 인생에서 원하는 게 뭔지 잘 모르겠다.										
6. 지금 하고 있는 일에 완전히 몰입해 있다고 느낄 때가 많다.										
7. 내 인생에서 일어나는 일들을 더 개선할 수 있다.										
8. 나의 일상은 대체로 시시하며 중요하지 않다.										
9. 내 인생의 주인은 나다.										
10. 나는 실패한 인생인 것 같다.										
11. 나는 필요한 에너지를 모두 가지고 있다.										
12. 내게 세상은 차가운 곳이다.										
13. 내 인생은 흥미로운 가능성으로 충만하다.										
14. 인생이 공허한 것 같다.										
15. 주위 사람들과 친밀하다고 느낀다.										
16. 내 인생을 만족스러운 방향으로 이끌기 힘들다.										
17. 내 삶에 만족한다.										
18. 내 인생은 미래가 별로 없다.										
19. 모든 일이 내가 원하는 대로 풀린다.										
20. 지금 하는 일은 내가 원하는 일이 아니다.										
21. 종종 문제에 휘둘리는 경향이 있다.										
22. 나를 둘러싸고 있는 세상은 매우 아름답다.										
23. 나를 화나게 하는 사람에게 되갚아주고 싶다.										
24. 내 삶에는 감사해야 할 일이 많다.										
25. 대부분의 사람들을 믿을 수 없다.										
26. 물질적 풍요가 중요하다.										
27. 자연스러운 삶이 중요하다.										
28. 인생의 의미를 찾기 어렵다.										
29. 사회생활을 즐긴다.										
30. 남이 나를 어떻게 생각하는가보다 내 스스로 행복한 것이 더 중요하다.										

〈감정측정계(기분을 측정하는 설문조사)〉

6. 다음에 제시되어 있는 감정을 지난 한 주 동안 얼마나 자주 경험했는지 표시하십시오. 맨 왼쪽의 숫자 1은 한 번도 느끼지 않았다는 것이며, 10은 매우 여러 번 경험했다는 뜻입니다.

감정	1	2	3	4	5	6	7	8	9	10
1. 낙관										
2. 지루함										
3. 사랑스러움										
4. 긴장감										
5. 초조함										
6. 분노										
7. 열정										
8. 신경질										
9. 의욕										
10. 외로움										
11. 성취감										
12. 편안함										
13. 시시함										
14. 행복										
15. 불안										
16. 흥미										
17. 우울										
18. 피곤										
19. 흥분										
20. 위축										
21. 즐거움										
22. 평화로움										

모든 사람이 행복할 수는 없다. 모든 사람이 부자일 수도 없다. 모든 사람이 행운아일 수도 없다. 만약 그렇다면 인생이 얼마나 따분하겠는가. 사람들이 진심으로 웃을 수 있기 위해서는 우는 사람도 있어야 한다.

-진 리스「굿모닝, 미드나잇Good Morning, Midnight」(1939)

스스로 행복하다고 생각하지 않으면서 행복한 사람은 없다 - Publilious Syrus

❖ 행복이란 무엇인가?

심리학자 리처드 스티븐스가 말하는 행복의 세 가지 요소

1. 좋은 느낌과 긍정적인 마음
2. 활기 넘치는 생활
3. 의미부여, 즉 인생에서 가치 있는 선택을 하는 것

제 2장 행복의 역사

최근에서야 행복에 대한 과학적 접근이 이루어지기 시작했지만, 실제로 삶의 기본 요소인 행복에 대한 철학적 논의는 고대 이래로 계속되어 왔다. 수많은 철학자, 종교인들은 행복의 정의를 내리기 위해 고심해왔고, 다양한 관점과 주장이 제기되었다.

1) 고대의 행복관

(1) 그리스 철학자의 행복관

고대 그리스 철학자들은 이성적 사유와 성찰을 통해 행복에 이르는 길을 발견할 수 있다고 믿었다. 신에 의지하기보다는 자신의 이성적 노력으로 행복한 삶을 이루어갈 수 있다는 인본주의적 입장을 취하였다.

소크라테스(Socrates 469-399 B.C)는 진정한 행복은 자기성찰을 통해 성취될 수 있다고 믿었다. 자기성찰을 통해 지혜가 계발되고 인간 영혼의 진정한 본질이 드러날 수 있다는 것이다. 지혜란 인간이 영원 불변한 진리를 파악할 수 있는 이성적 능력으로 이를 통해 삶의 핵심적 요소를 인식하고 그것을 실천하며 사는 것이 행복한 삶이라고 보았다. 자기 자신 이외의 것에서 행복을 얻으려는 사람은 그릇된 사람이라 지적하며, 행복은 항상 자신의 내부에 잠재해 있어 찾을 줄 아는 사람이 찾게 된다고 하였다.

플라톤(Platon 427~347 B.C)은 진정한 지혜의 바탕을 이성과 직관으로 보았다. 영원한 진리는 지혜에 의해서 발견될 수 있다고 믿으며, 감각적 쾌락의 추구보다는 인생의 본질과 의미를 지향하였다. 이러한 그의 생각은 오늘날의 행복관에 영향을 미쳤다.

아리스토텔레스(Aristoteles 384~322 B.C)는 그의 저서 니코마스 윤리학에서 행복이란 궁극적으로 '잘 사는 삶'이요 우리 모두가 추구할 만한 '최고선'이라는 행복의 본질적이고 보편적인 형이상학적 특성을 잘 드러내 주었다. '우리가 하는 모든 일의 목적으로서 그것 자체 때문에 우리가 원하는 것'을 최고선이라 하고, 이 최고선을 궁극적으로 행복과 연결시킨다. 그에게 행복이란 인간의 형이상학적이며 본성적 활동과 관계하는 실천적 주제이다. 인간의 행복은 인간의 고유한 본성을 활짝 꽃피우는 것, 즉 인간의 본성적 기능(ergon)을 충만히 발휘하는데 있다. 행복이 인간의 본성과 불가분의 관계가 있다는 아리스토텔레스의 행복 개념은 모든 것이 그것의 기능에 따라 바랄만한 것을 바랄 때만이 진정으로 행복하다는 목적론적 세계관을 잘 반영하고 있다.

아리스토텔레스는 최고선을 습관적으로 실천하면 유덕한 사람이며 유덕한 사람은 행복한 사람이며 이처럼 행복한 삶의 상태를 에우다이모니아(Eudaimonia)라고 칭했다. 에우다이모니아는 개인이 저마다의 타고난 덕성이나 능력을 실현시키는 데 적합한 이성적이고 지혜로운 삶이다. 즉 덕에 일치하는 영혼의 활동으로서 어떠한 상태에 머무는 것이 아니라 인간 고유의 기능을 충분히 발휘해서 목적하는 상태에 도달하는 것이다

또한 그는 에우다이모니아로 이끌 수 있는 12가지 덕성(용기, 관용, 자존, 친밀, 재치, 정의, 절제, 희망, 온유, 정직, 양심, 고결)을 제시하며, 이러한 덕성들은 중용적인 것이라 설명하였다. 이러한 덕성은 누구나 타고나는 것으로 발견하여 계발함으로 행복에 이를 수 있다는 것이다. 이것을 행복의 덕성이론(virtue theory)이라고 부른다. 아리스토텔레스의 행복관은 오늘날 긍정 심리학에서 성격적 강점과 덕성의 계발을 중시하는 자기실현적 행복관의 철학적 기반이 되고 있다.

아리스티포스(Aristippus 435~360 B.C)는 즉각적인 감각의 만족을 옹호하면서 고통을 최소화하고 쾌락을 최대화하는 것이 행복의 관건

이라고 하였다. 이후 에피쿠로스(Episurus 342~270 B.C)는 이러한 주장을 발전시켜 쾌락주의(hedonism)를 제창하였다. 그는 인간이 추구하는 행복은 고통이 아닌 쾌락에 있다고 보았다. 그 쾌락은 과거 혹은 미래에 있을 즐거움이 아니라 현재 만족한 상태가 되어야 하는 것이다. 그러나 에피쿠로스가 추구하는 쾌락은 정신적인 '좋음'에 달려 있는 것으로, 마음에 동요가 없는 상태, 즉 인간의 내면을 괴롭힐 수 있는 요소들을 제거해야 인간의 삶이 행복할 수 있다고 하였다. 긍정심리학에서 행복의 주요한 측면으로 보고 있는 긍정 정서와 주관적 만족감은 에피쿠로스의 쾌락주의적 전통을 이어받은 것이라 할 수 있다.

쾌락주의 학파와 비슷한 시기에 제논(Zenon 335~263 B.C)은 스토아 철학을 주창하였다. 스토아 철학자들은 이성에 의한 감정조절을 행복의 핵심 요건으로 보고, 마음의 지속적 평안을 얻기 위해서는 이성을 사용하여 감정을 조절하는 훈련이 필수적이라고 여겼다.

(2) 기독교의 종교적 행복관

종교적 행복관은 신과의 관계를 중시하였다. 유대교는 유일신 하나님의 뜻에 따라 순종하며 사는 것을 최선의 삶으로 여기며 이를 위해 많은 계율과 금기사항을 제시하고 있다. 이러한 계율에 순종하면 보상이 주어지고, 어기면 처벌이 주어진다. 진정한 행복은 절대권위인 하나님께 순종하면서 자기중심적, 쾌락추구적 행동을 억제하는 삶 속에서 얻게 된다는 관점이다. 이를 철학에서는 신성한 계율이론(divine command theory)이라 부르고, 이러한 행복관은 지난 2,500여 년간 서양인의 삶에 깊은 영향을 미치고 있다.

유대교의 전통에서 발생한 기독교는 하나님을 인간에게 깊은 사랑을 지닌 존재로 발전시키면서 종교적 헌신을 중요시 한다. 진정한 행복에 이르는 길은 예수의 가르침과 생애에서 발견되듯이 하나님과의 관계 속에서 사랑을 표현하고 타인과의 나눔을 통해 평화와 행복, 나아가서 구원을 얻을 수 있다고 믿는다.

2) 중세의 행복관

서양의 중세시대는 기독교가 주도한 시대라 할 수 있다. 중세 기독교의 관점에 따르면, 진정한 행복은 세속적인 쾌락과 반대되는 것으로 육체의 사망 이후 천국에서 부활할 때까지 미뤄진 것이었다. 인간은 육체적 욕망과 영적 추구라는 대립적 성향을 지닌 존재로, 영혼이 육체에 머무르는 한 두 성향 간의 갈등은 지속될 수 밖에 없다고 보았다.

아우구스티누스(Augustinus 354~430)는 행복의 추구를 인간의 실존적 삶의 완성을 위한 조건으로 인식하고 행복에 관해 논의하였다.

그에게 행복은 단순히 개인적이고 주관적인 선에 대한 것이 아니라 진정한 의미에서 인간의 삶과 인격의 성숙을 위한 최고선 이었다. 그는 인간의 행복은 최고선이자 모든 도덕적 선의 원천이신 하나님을 향한 경배와 하나님께 대한 지식을 떠나서는 불가능하다는 점을 지속적으로 강조하였다.

아우구스티누스는 행복한 삶이야말로 모든 인간이 욕구하며 간절히 바라는 바임을 천명하면서, 행복한 삶이란 진리를 소유할 때 이루어진다고 보았다. 진리를 소유하는 것은 하나님을 소유하는 것이며, 결국 행복한 삶이란 진리이신 하나님을 알 때 비로소 가능하게 된다. 그는 하나님이 최고의 선이며 행복 자체라는 전제 하에 인간이 행복 자체인 하나님에게 이르는 길은 사랑이라고 말하였다. 하나님을 사랑하는 카리타스야말로 최고선을 사랑하는 진정한 덕이며, 이러한 카리타스의 덕만이 인간으로 하여금 행복에 이르게 하는 유일한 덕이라는 것이다. 따라서 행복은 모든 인간이 추구해야 할 도덕적 이상이요, 행복 성취의 필수 요건은 덕이라고 할 수 있는데, 하나님을 소유하는 것 혹은 하나님을 직관하는 것(visio dei)이야말로 진정한 행복의 달성이라고 보았다.

3) 근대의 행복관

르네상스 시대의 문예부흥으로 인간의 예술가적 측면이 부각되면서, 개인의 재능과 창의성이 높이 평가되기 시작하였다. 그 결과 개인적인 관점과 특성이 중요하게 부각되는 개인주의(individualism) 성향은 행복을 추구하는 방식에도 커다란 영향을 미쳤다.

17세기 말 산업혁명과 더불어 과학의 발전이 거듭되면서 인간의 이성에 대한 믿음이 높아져 이성주의(rationalism), 경험주의(empiricism), 기계주의(mechanism) 철학이 생겨났다. 이러한 관점들로 인해 인간의 속성을 좀 더 단순, 명료하게 이해할 수 있다는 생각이 확산되었다.

칸트(Immanuel Kant 1724~0804)는 선의지와 의무에 따라서 실천적으로 행동할 것을 강조하였다. 칸트는 행복하게 사는 것 보다는 선의지와 의무에 따라서 사는 삶을 가장 가치 있는 삶으로 여겼다. 그런 점에서 칸트가 생각하는 최고의 덕은 덕과 행복의 통일이다. 칸트는 행복을 추구함에 있어서 경향성이 아니라 이성적 의지에 의존해야 한다고 한다.

칸트는 비판되는 행복과 옹호되는 행복으로 구분했는데, 비판되는 행복은 감각적 욕망의 충족이다. 칸트는 이와는 다른 만족으로 참

된 만족, 자기만족을 이야기하는데, 이 만족은 선의지로서의 최고선과 결합된 만족으로서 자신의 존재에 대한 만족, 즉, 덕의 의식에 필연적으로 동반되는 만족이다. 칸트에게 이 자기만족은 보편적인데 선의지의 실현이 모든 사람에게 가능하기 때문이다.

제러미 벤담(Jeremy Bentham 1748~1832)은 쾌락을 추구하고 고통을 회피하려는 인간의 기본적인 성향을 가치판단의 최종기준으로 여겼다. 그는 행복의 질적인 차이를 인정하지 않았으며 행복의 강도(intensity), 지속성(duration), 확실성(certainty), 근접성(propinquity), 순수성(purity), 생산성(다산성, fecundity), 확대 범위(extent) 등 7가지 차원을 고려하여 측정할 수 있다고 보았다. 이렇게 측정된 "최대 다수의 최대 행복(the greatest Good of the greatest Number)"이 도덕뿐만 아니라 국가의 입법원리가 되어야 한다고 주장했다.

이와 달리 존 스튜어트 밀(John Stuart Mill 1806~1873)은 쾌락의 질적 차이를 구분하여 질적으로 높은 수준의 쾌락만이 인간이 추구해야 할 목표이며, 이러한 쾌락을 사회 전체로 확대시킬 때 행복해진다고 말했다. 최대다수의 최대 행복이 개인적 행동과 사회적 제도의 옳고 그름을 판단하는 최고의 기준이 되어야 한다는 생각은 공리주의(utilitarianism)라는 철학체계로 정립되었다. 공리주의적 사상에 의해 다수의 행복 증진이 인간행동의 궁극적인 목표이자 중요한 판단기준으로 중시되었으며, 개인의 행복과 안녕에 대한 관심이 증대되고, 이

칸트

제러미 벤담

존 스튜어트 밀

에 관한 과학적 이해를 지향하게 되었다.

근대에 들어 사회구성원 개인의 자유와 행복이 중요하다는 인식이 확산되고, 삶에 대한 개인의 자기결정권을 허용하는 정부가 수립됨으로써 행복의 추구는 개인의 선택이자 권리가 되었다. 이러한 민주주의는 공리주의와 더불어 최대 다수의 최대 행복을 창출하는 새로운 정부 체계를 탄생시키게 되었다.

19세기 초에는 자기 발견과 내면 경험에 충실하려는 낭만주의의 태동, 개인주의의 확산으로 개인의 정서적 경험과 표현이 중요시되었다. 행복을 위해서는 자신의 진정한 자아를 발견하고 표현하는 것이 중요하다는 생각이 확산되어, 오늘날의 행복 이론에 영향을 미치게 되었다. 엄격한 가부장적 사회의 결혼관에서 사랑이 결혼의 가장 중요한 동기가 되어야 한다는 생각으로 변해가면서, 오늘날에는 사랑과 친밀감의 추구가 삶의 중요한 목표인 동시에 행복의 핵심적 요건으로 여겨지게 되었다.

동양에서 동양사상인 유가, 도가, 불가 3가는 다른 시각과 다른 방식이지만 무엇이 진정한 행복인지에 대해 본질적으로 동일한 대답을 하는 것으로 보인다. 그것은 '천도를 아는 것(知天)'과 '천도를 실천하는 것(行天)'이다. 하지만, 고래로부터 철학과 종교적 문헌들에서 다루어진 동서양의 행복과 통념 사이에는 풍부하고 광범위한 행복의 특질이 요약되어 있다.

4) 20세기의 행복관

20세기에 들어서면서 인간의 자유와 선택권이 현저하게 증가했다. 특히, 서구 민주주의 국가에서는 대다수의 사람들이 자신의 직업, 배우자, 종교적 신념 등 행복한 삶을 위한 다양한 선택을 스스로 할 수 있게 되었다. 또한 20세기는 인간의 심리적 세계에 대한 체계적, 과학적 접근이 본격적으로 이루어져, 다양한 심리학 이론이 발전하였으며 행복한 삶에 대한 명시적 또는 암묵적 입장이 제시되었다.

프로이트

융

아들러

로저스

정신분석학을 창시한 프로이트(Freud 1856~1939)는 인간의 삶에서 무의식적인 심리적 과정이 중요하다는 점을 강조하였다. 인간의 행동과 경험은 대부분 성욕과 공격성으로 이루어진 무의식적 욕구를 사회 문화적 요구에 맞추어 표출하려는 방어기제의 작동결과라고 간주했다. 자신의 무의식적 갈등과 과정을 최대한 자각하고, 자아의 통제권 가운데 승화, 이타주의, 유머와 같은 성숙한 방어기제를 통해 내면적 욕망을 효과적으로 충족시키는 것이다. 근본적으로 인간의 본성적 욕망은 문화적 환경과 갈등을 겪을 수밖에 없기에 이러한 갈등을 최소화하는 것이 최선이라는 것이다. 이런 점에서 프로이트는 행복해 대해 소극적이고 비관적인 관점을 제시했다고 볼 수 있다.

분석심리학을 제창한 융(Jung 1875~1961)은 프로이트의 성욕설을 비판하면서 무의식을 개인 무의식과 집단 무의식으로 구분했다. 집단 무의식은 초개인적 구조로 이미지, 상징, 신화가 세대를 거쳐 전달되 온 원형의 가상 창고이다. 보편적인 경험들은 인간 내부에 있는 심상으로 나타나거나 표현되는데, 융은 이를 원형이라 불렀다. 융에게 있어서 최선의 삶은 이러한 자기원형에 따라서 진정한 자기가 되어가는 것이며, 이러한 자기화 혹은 자기실현이 개성화(individuation)이다. 이와 반대로 타인의 평가나 사회적인 이상에 맞추어 살아가게 되면 자기소외나 자기부정에 이르게 된다. 자기는 중심점일 뿐만 아니라 의식과 무의식을 모두 포함한 개인의 전체를 의미한다. 자기실현을 위해서는 자신의 무의식에 끊임없이 귀를 기울이며 자기원형의 메시지를 발견하고 그에 따라 살아가려는 진지한 태도가 필요하다.

프로이트와 융이 개인의 무의식적 역동을 중시한 반면, 아들러(Adler 1870~1937)와 설리반(Sullivan 1892~1949) 같은 정신역동적 이론가들은 대인관계를 중요시했다. 개인심리학을 주장한 아들러에 따르면, 인간은 그 자체로 통합된 총체적인 존재로, 우월의 추구와 열등감 보상동기와 더불어 사회적 관심과 공동체 의식을 지니고 있으며, 인간의 행복과 성공은 사회적 결속과 깊은 관계가 있다.

1960~1970년대 인본주의 심리학자들은 인간의 건강하고 성장지향적인 긍정적 측면에 깊은 관심을 지녔다. 기존의 심리학적 입장을 비판하면서, 인본주의 심리학자들은 인간이 근본적으로 자기실현의 경향성을 토대로 계속 성장해가는 존재라고 보았다. 매슬로우(Maslow 1954, 1968)는 기본적인 생리적 욕구에서부터 궁극적으로 자기실현에 이르기까지 충족되어야 할 욕구에 위계가 있다는 '욕구위계설'을 주장하였다. 자신과 타인을 있는 그대로 수용하면서 인간적인 유대를 형성하되 자율성과 독립성을 추구하면서 자신의 일에 애정을 지니고 몰입하며 창의적인 활동을 통해 자기실현을 이루는 것이 성숙하고 행복한 삶이다.

인본주의 심리학의 또 다른 핵심인물인 로저스(Rogers 1951, 1957, 1961)는 모든 유기체에게는 고유의 잠재력을 적극적으로 실현하고자 하는 성장의 흐름이 내재되어 있다고 보았고, 하나의 유기체로서 인간 역시 자신을 실현하는 방향으로 성장하려고 노력하는 경향인 자기실현 성향을 지니고 있다고 하였다. 이러한 성향이 부모의 기대나 선호에 따라 수용되지 못하면 부적응과 정신장애가 나타나게 된다. 내담자는 무조건적 존중, 공감적 이해, 진솔함의 태도를 지닌 상담자와의 관계 속에서 자신의 진정한 모습을 이해하고 수용하면서 자신의 성장을 위해 스스로를 더 잘 촉진할 수 있게 된다.

이 밖에도 많은 심리학자들이 인간의 긍정적 측면에 대한 이해 증진에 기여해 왔다. 머레이(Murray, 1938)는 인간의 성격적 특성과 강점에 관한 연구를 시행하였고, 올포트(Allport, 1961)는 성숙한 성격의 특징을 고찰하였다. 메이(May, 1969)는 실존주의적 관점에서 인간을 자기 자신이 되기 위해서 자신에 대해 자각하고 책임을 가져야 하는 특별한 존재로 보았다. 야호다(Jahoda 1958)는 긍정적 정신건강의 공통 요소를 정리하여 소개했는데, 이 요인들은 자기 수용, 성장과 발달, 성격 통합, 자율성, 정확한 현실 지각, 환경적 통제 등이다. 리프 Ryff(1989,1995; Ryff & Keyes, 1995; Ryff & Singer, 1998)는 진정한 행복을 경험하기 위해서는 삶의 질을 높이기 위해 개인이 자신의 내면적 능력을 개발하고 활용하려는 노력이 필요하다고 제안하였다. 이에 따라 행복을 안녕감으로 정의하고, 자신에 대한 긍정적 태도(자기수용), 새로운 경험에 대한 개방성(개인적 성장), 삶의 목표를 갖는 것, 외부 환경에 대한 통제감(환경통제), 자기 주도적으로 일할 수 있는 능력(자율성), 타인과의 긍정적 인간관계 등 다섯 가지 요인을 행복의 구성 요인으로 제안하였다. 리프는 행복한 사람들의 6가지 특성으로 자기수용, 자율성, 삶의 목적, 개인적 성장, 환경통제력, 긍정적 인간관계를 제시하였다. 스턴버그(Sternberg, 1986)는 지능을 분석적 능력, 창의적 능력, 실제적 능력으로 설명하였다. 가드너(Gardner, 1983, 1993)는 다중지능의 개념을 제시하였고, 헤이즈(Hayes), 스트로샐(Strosahl)과 윌슨(Wilson, 1999)은 다양한 심리 장애의 공통 원인으로 간주되는 경험적 회피를 차단하고 경험을 수용하도록 촉진하는 수용-전념 치료(ACT)를 제시했다.

셀리그먼(Seligman, 1991)은 행복은 누가 가르쳐주거나 훈련시키는 게 아니라 스스로의 발견과 창조를 통한 자기화의 과정이라고 주장하며, 인간의 긍정적인 심리적 측면을 과학적으로 연구하고 인간의 행복과 성장을 지원하는 긍정심리학을 주창하였다. 그는 행복의 3대 조건으로 '즐거움, 몰입, 삶의 의미'를 들었다. 칙센트미하이(Csikszenthmihalyi, 1990)는 완벽한 심리적 몰입상태라는 개념을 제시하면서 이를 발전시켰다.

관조

빅토르 위고

숲속의 나무들이여, 너희들은 내 영혼을 잘 알고 있구나!
시기심 많은 자들을 좇아 군중은 칭찬을 늘어놓거나 비난을 하지.
너희들은 나를 잘 알고 있지! 너희들은 나를 자주 보았지.
홀로 너희들의 깊이를 바라보고 몽상에 잠기던 나를.
너희들은 잘 알지. 풍뎅이가 달음박질치는 바위 하나.
떨어진 꽃잎 속에 맺혀 있는 이슬 한 방울,
구름 한 조각, 새 한 마리가 나의 온 하루를 차지한다는 것을,
관조가 나를 사랑의 마음으로 가득 채우지〈...〉

1. 시에서의 숲 속 나무들처럼 나를 가장 잘 알고 있는 대상을 한 가지 떠올려 봅시다. 그 대상은 무엇(누구)이고, 나를 가장 잘 알고 있으리라 생각한 이유는 무엇입니까?

2. 그 대상이 바라 본 나의 어제 일과 중 가장 행복했던 시간을 적어 봅시다. 무슨 상황이었는지, 나는 무엇을 하고 있었는지, 무슨 생각을 했는지, 어떤 표정을 짓고 있는지, 감정은 어떠했는지...

3. 이 글을 쓰고 난 나의 느낌은 어떤가요?

만약 내 삶에 대해 5퍼센트 더 자각한다면 ···

- ....
- ....
- ....
- ....
- ....
- ....
- ....
- ....
- ....
- ....

제 3장 행복의 심리학

이 장에서는 행복과 관련된 다양한 요인들이 어떤 심리적 과정을 통해 행복감을 느끼도록 하는지에 대해 살펴볼 것이다. 인간은 어떤 심리적 조건이나 상태에서 행복감을 느낄까? 행복은 어떤 심리적 과정을 통해 경험되는 것일까? 이에 대한 다양한 주장들이 제시되고 있지만, 이 장에서는 욕망충족이론, 비교이론, 목표이론, 적응과 대처이론을 중심으로 살펴보려 한다.

1) 욕망충족 이론

전통적으로 인간은 욕망이 충족된 상태에서 행복을 느낀다고 생각하는 것이 가장 일반적이다. 인간은 식욕, 성욕, 물욕, 명예욕 등 다양한 욕망을 지니고 이러한 욕망이 충분히 충족되었을 때 행복감을 느낀다는 것으로 이를 욕망충족 이론 이라고 한다(Diener, 1984). 욕망충족 이론은 행복에 대한 쾌락주의적 입장과 종종 일치하는데, 이러한 입장에서는 인간의 행복 정도가 욕망의 충족으로 인한 쾌락이나 만족 수준에 비례할 뿐 아니라 욕망을 충족시킬 수 있는 외부적 또는 상황적 조건(예: 의식주, 재산, 사회적 지위, 교육 수준 등)에 비례한다는 생각으로 이어진다.

(1) 인간의 욕망과 동기

인간은 다양한 욕망을 지닌다. 욕망은 흔히 욕구, 충동, 동기라는 용어와 혼용해서 사용되는데, 특정한 목표를 향해 행동하게 하는 내면적인 원동력을 의미한다.

동기는 세 가지 주요한 기능을 지닌다. 첫째, 동기는 목표지향적 행동을 유발한다. 즉, 목표의 달성을 위해 특정한 행동을 하도록 행동의 방향을 결정한다. 둘째, 동기는 목표지향적 행동을 지속하게 하는 추진력, 즉 에너지를 제공한다. 셋째, 동기는 목표지향적 행동을 조절하는 기능을 하여서, 목표지향적 행동을 시작, 지속, 종결하게 한다. 이처럼 목표가 성취되었을 때 느끼는 심리적 체험이 만족감이다.

(2) 다양한 욕구와 발달적 위계

인간의 욕구는 매우 다양하며 여러 방식으로 구분이 가능하다. 욕구의 근원에 따라 생리적 욕구와 심리적 욕구로 구분하여 볼 수 있는

데, 생리적 욕구는 생리적 근거가 분명하고 태어날 때부터 갖추어진 욕구로 모든 인간들이 공유하는 선천적 욕구이다. 개체와 종족의 보존에 기여하고 진화의 과정에서 선택되어 온, 우리의 생물학적 유산을 이루는 욕구이다. 음식, 수분, 공기, 따뜻함, 고통 회피, 자극 추구 등에 대한 개인의 생리적 욕구들과 번식에 대한 종의 생물학적 욕구가 포함된다. 심리적 욕구는 학습의 영향이 뚜렷한 후천적 욕구이다. 이러한 욕구들은 환경과의 상호작용 과정에서 습득되기 때문에 사람마다 욕구의 습득 정도와 만족 방법이 다를 수 있다.

프로이트는 성적 욕구와 공격성 욕구를 인간의 가장 근원적인 욕구로 보았다. 인간의 삶을 욕구의 충족을 위한 과정으로 보며, 이러한 욕구가 사회문화적 현실 속에서 충족되기 위해 타협과 절충을 이루는 심리적 과정을 설명하고 있다. 매슬로우(Maslow, 1954, 1970)는 인간의 욕구를 좀 더 자세히 구분하여 욕구의 위계적 발달 이론을 주장하였다. 그는 인간의 욕구를 5가지 위계로 구분하는데, 가장 낮은 위계에 있는 것은 생리적 욕구로 음식, 물, 공기에 대한 기본적 욕구를 말한다. 이러한 욕구는 개체의 생존을 위해 기본적 조건을 공급받기 위한 것으로 다른 욕구에 비해 기본적, 일차적 욕구이다. 다음은 안전 욕구이다. 위험으로부터 보호받고, 안전하고 편안한 피난처를 갈구하는 욕구로 안전한 삶을 지속적으로 유지하려는 안정의 욕구도 여기에 속한다. 셋째는, 애정욕구이다. 인간은 의미 있고 강한 집단에 소속되고자 하는 욕구를 지니는데, 이러한 소속감의 욕구는 다른 소속원으로부터 사랑과 보호를 받고자 하는 사랑의 욕구와 밀접한 관계를 가지고 있다.

매슬로우는 5가지 욕구를 위계적으로 분류하고, 욕구는 낮은 위계의 욕구로부터 높은 위계의 욕구로 발달해 간다고 설명하였다. 상위욕구의 발달은 하위욕구의 충족을 전제로 이루어지며, 하위욕구가 충족되어 상위욕구로 발달해 가더라도 하위욕구에 불만족이 생기면 하위욕구의 충족을 위해 다시금 퇴행하게 된다. 이처럼 인간의 욕구는 서로 위계적 관계를 지니고 있으며 하위욕구가 안정적으로 충족되어야 상위욕구로 발달이 이루어진다.

(3) 욕망충족 이론의 한계

욕망충족 이론은 행복에 대한 쾌락주의적 입장과 일치하는 부분이 있어서, 인간의 행복은 욕망의 충족으로 인한 쾌락이나 만족 수준에 비례하며 욕망 충족 가능한 외부적이거나 상황적 조건에 비례한다는 생각과 연결된다.

그러나 욕망충족 이론은 주관적 안녕에 대한 연구결과들과는 불일치하는 점들이 많다. 첫째로, 다양한 욕망을 충족시키는 외부적 조건과 행복의 상관관계는 상당히 미미하다. 둘째, 욕망의 충족상태는 일시적이어서 시간이 지나면 욕망의 요구는 반복되고, 지속적인 충족은 어렵다. 셋째, 하나의 욕망이 충족되면 다른 욕망이나 상위의 욕망이 부각되고 충족을 요구한다. 넷째, 인간은 욕망이 충족되면, 그 상태에 익숙해져 행복감을 느끼지 못하는 경향을 지닌다. 다섯째, 개인적 욕망이 충족되었음에도, 상대적 비교에 의해 행복감은 저하된다. 이처럼 행복은 욕망의 충족 외에도 타인과의 비교, 지향하는 목표 등 다양한 심리적 요인의 영향을 받는 것으로 여겨진다.

(4) 내재적 동기와 외재적 동기

최근 동기의 유형에 따라 행복에 미치는 영향이 달라진다는 주장의 제기로, 외재적 동기와 내재적 동기의 구분이 주목을 받고 있다. 외부적 보상에 의해 충족되는 동기보다는 행위 자체에서 만족을 얻게 되는 동기를 추구하는 사람들이 더 행복감을 느낀다는 것이다.

외재적 동기(extrinsic motivation)는 외적인 보상(돈, 소유물, 지위, 권력, 사회적 인정, 명예 등과 같은 외부에서 발생하는 행동 유인요인)을 얻기 위해 행동할 때 작동한다. 내재적 동기(intrinsic motivation)는 기본적인 심리적 욕구에 의해 생겨나는 것으로, 어떤 외부적 보상과 상관없이 일 자체를 위한 활동에 참여하도록 이끌릴 때 작동하는 것이다. 이러한 동기는 인간에게 내재해 있는 심리적 성장과 자기실현 욕구의 반영으로 내재적 동기의 충족은 행복에 필수적이다.

동기의 유형에 따른 행위에 대한 흥미나 만족감의 변화를 본 연구

(Lepper, Greene, & Nesbitt, 1973)에서, 아동들은 자유놀이 시간에 재미있는 그림 그리기 활동을 하였다. 아동들의 활동 관찰 후, 그림 그리기를 좋아하며 내재적 만족을 얻은 것처럼 보이는 아동들이 선발되었다. 아동들은 다음의 세 조건 중 하나에 할당되었다. 첫째로, 아동들에게 '훌륭한 화가' 인정서를 보여주며, 그림을 열심히 그리면 이 상을 주겠다고 하였다. 둘째 조건에서는 아무런 지시 없이 그림을 그리도록 한 후 '훌륭한 화가' 인정서를 주었다. 세 번째 조건에서는 그림을 그리도록 하고 아무런 보상도 주지 않았다. 2주 후 다시 그림 그리기 활동에 참여한 아동들을 관찰한 결과, 상을 받기 위해 그림을 그렸던 첫 번째 조건의 아동들은 그리기에 별로 흥미를 보이지 않았고, 보상이 주어지지 않는 상황에서는 그림 그리기를 그만두었다. 다른 두 조건의 아동들은 2주 후에도 그림 그리기에 대해 비슷한 수준의 흥미를 보였다. 내재적 만족을 얻고 있는 활동도 보상을 주게 되면 이후 그 활동에 참여하게 하는 내재적 동기가 저하될 수 있다는 것이다. 이 결과는 외적 보상이 사람들로 하여금 어떤 행동을 하게 만드는 유일한 동기가 아님을 명백히 보여준다.

데시와 리안(Deci & Ryan, 1985; Ryan & Deci, 2000)은 내재적 동기를 지닌 사람들이 외재적 동기에 의해 행동하는 사람들에 비해 업무성과, 끈기, 창의성, 자존감, 활력이 향상되었으며, 전반적 행복 수준을 더 높게 보고한다고 하였다. 동일한 과제 수행에서도 이러한 차이는 나타났으며, 내재적 동기를 지닌 사람들은 건강 증진 행동, 종교적 참여, 친밀한 인간관계, 정치적 활동 등의 다양한 영역에서도 긍정적 결과를 나타냈다. 이들은 내재적 동기를 인간의 대표적인 긍정적 속성으로 간주하며, 이를 구성하는 세 가지 기본적 욕구를 제시하였다. 첫째, 유능성의 욕구로 환경에 효과적으로 대응할 수 있는 숙달된 경험을 추구하는 성향이다. 둘째, 관계성의 욕구로 상호간에 지지적인 인간관계를 형성하고자 하는 성향이며, 셋째는 자율성의 욕구로 삶의 중요한 문제에 대해 독립적, 자주적 결정을 내리고자 하는 성향이다. 이러한 성향은 자발적인 동기부여와 성격 통합의 바탕이 된다.

2) 목표 이론

행복을 설명하는 주된 심리학 이론 중 하나는 목표이론(Austin & Vancouver, 1996)으로, 인간은 자신이 추구하는 목표를 달성하거나, 목표에 다다르고 있다고 믿을 때 행복을 느낀다는 입장이다. 이 이론은 욕망충족 이론의 발전된 형태로 욕망을 좀 더 구체적인 목표로 명료화하고 목표달성과 관련된 인지적 평가를 포함하고 있다.

프로이트의 성격이론에 따르면, 원초아(욕망)는 맹목적 쾌락원리를 따르기에 현실을 고려하지 못해서 자아가 현실원리에 따라 욕망과 현실을 중재한다. 이처럼 환경과 현실을 고려하여 욕망을 충족시킬 수 있는 구체적인 목표를 설정하고 달성을 위해 노력한다. 성장과정에서 인지적 발달과 사회화 과정을 겪으면서, 인간의 욕망은 가치관으로 변화되어 영향을 미치게 된다. 이러한 가치는 선택과 행동에 영향을 미치고, 어떤 목표를 지향하게 만드는 중요한 심리적 요인이 된다.

개인적 가치를 부여하는 목표는 개인이 행동을 통해 성취하고자 하는 구체적인 지향점으로 이러한 목표의 설정과 성취는 주관적 안녕과 긍정정서를 증가시킨다(Brunstein, 1993; Brunstein, Schultheiss, & Graesman, 1998). 목표이론에 따르면, 인간은 목표의 설정, 목표를 향한 진전, 목표의 성취를 이룰 때 행복을 느낀다(Austin & Vancouver, 1996).

그러나 목표를 달성했을 때 행복해진다는 것은 분명하지만, 모든 목표가 행복을 증가시키는 것은 아니며, 문화에 따라서 가치 있게 여기는 목표도 유형도 다르다. 목표 이론은 개인이 지향하는 목표의 유형과 구조, 목표 성취의 가능성, 목표를 향한 진전 속도에 의해 행복이 결정된다고 본다.

(1) 목표의 유형

어떤 목표는 다른 목표에 비해 더 많은 행복과 만족감을 유발한다. 개인이 추구하는 목표의 유형에 따라 행복은 어떻게 달라질까?

일반적으로, 추구하는 목표가 내재적 동기와 잘 부합할 때 행복감이 증가한다. 자기수용, 긍정적 인간관계, 다른 사람을 돕는 것과 관련된 목표를 추구하는 사람들이 물질적 성공, 신체적 매력, 사회적 명성을 추구하는 사람들보다 행복 수준이 더 높다(Cantor & Sanderson, 1999; Kasser & Ryan, 1993).

목표에는 접근 목표와 회피 목표가 있다. 접근 목표는 그것을 향해 움직이도록 동기를 부여하는 것이고, 회피 목표는 위험, 곤란, 공포 등을 피하기 위한 것이다. 접근 목표가 회피 목표보다 주관적 안녕과 관련이 있으며, 가치를 부여하는 것을 향해 나아가고 있을 때 행복은 증대된다. 이 경우, 목표에 다가가는 접근의 속도가 중요한데, 기대했던 속도이거나 그보다 더 빨리 목표에 다가가고 있음을 느끼면 행복감은 더 커진다(Hsee & Abelson, 1991). 또한 자신의 현재 상황을 고려하여 달성 가능성이 높은 현실적 목표를 추구하는 것이 중요하다.

목표의 구체성도 행복에 영향을 미친다. 추상적인 목표를 추구할수록 현재의 행복도가 낮아지는데(Emmons, 1992), 이는 목표가 언제 성취될지 알 수 없기 때문이다. 그러나 구체적인 목표로 달성가능성을 확인하며 동시에 추상적인 장기 목표를 통해 장기적인 방향감각을 가지고 가는 것이 행복에 있어 중요하다.

(2) 목표의 위계와 통합성

다양한 목표를 추구하는 사람은 성취의 즐거움과 더불어 성취에 대한 부담감, 목표들 간의 불일치와 갈등으로 인한 스트레스를 많이 경험하기에, 삶의 만족도와 긍정수준이 높지만 부정정서 수준도 높은 경향을 지닌다. 추구하는 목표들 간의 일관성, 통합 정도는 행복에 중요한데(Sheldon & Kasser, 1995), 양립되기 어려운 목표들을 추구하면 부정 정서와 스트레스를 경험할 가능성이 높기 때문이다.

연구에 따르면, 추구하는 목표들 간 통합성이 높고 갈등이 적을수록, 주관적 안녕의 수준이 높았다. 에몬스(Emmons, 1992)는 공통적인 주제를 중심으로 여러 작은 목표를 통합시키는 것이 가능하다고 하면서, 더 크고 추상적 목표를 성취하는 데 도움이 될 만한 작은 목표들을 개인적 추구라고 불렀다.

(3) 목표와 문화

문화는 목표의 선택에 중용한 영향을 미치고, 개인이 속한 문화나 하위문화에서 높이 평가하는 목표를 성취할 때 행복감은 증진된다. 조화를 중시하는 집단주의 문화에서는 개인의 성취나 만족보다는 타인과의 조화로운 관계나 집단 전체의 이익을 위한 목표가 더 많은 보상과 더 큰 행복감을 주지만, 개인주의 문화에서는 중요시하는 가치가 다르다. 이처럼 추구하는 목표가 소속 문화에서 수용되는가, 중요한가의 여부에 따라 목표가 행복에 미치는 영향은 달라질 수 있다.

(4) 목표의 실현 가능성과 진전속도에 대한 평가

목표이론은 행복이 목표의 실현 가능성과 목표달성을 위해 다가가는 진전속도에 대한 개인의 주관적 평가에 의해 결정된다고 설명한다. 디너와 루카스(Diener & Lucas, 2000)는 평가이론을 제시했는데, 행복은 지속적으로 유입되는 정보들을 어떻게 평가하느냐에 의해 결정된다는 것이다. 행복은 정보를 처리하는 능동적인 인지과정에 의존하는데, 대부분의 경우 가장 중요한 평가요소는 주요 목표를 향해 얼마나 진전되고 있느냐에 관한 것이다. 진전과정에 대한 평가는 개인의 기질과 성격, 진전을 평가하는 기준, 상황, 소속 문화 등 다양한 요인의 영향을 받는다. 그러나 핵심은 개인이 추구하는 주요 목표가 얼마나 달성되었고, 앞으로 얼마나 잘 달성될 것인가에 대한 평가에 있다.

어떠한 목표를 추구할 것인지 결정하는 중요 요인은 그 목표를 성취할 수 있다는 기대, 즉 희망이다. 희망은 첫째, 목표에 이르는 경로에 대한 것으로 목표 달성의 방법을 찾을 수 있다는 믿음과 둘째, 목표를 향한 추구의지에 관한 것으로 그러한 목표 달성에 충분한 동기와 의지를 지니고 있다는 믿음의 결과이다(Snyder, Rand, & Sigmon, 2002). 이러한 희망수준이 높은 사람들은 긍정정서를 더 많이 느끼고,

미래의 행복을 기대하며, 더 확신에 차 있고, 스트레스에 성공적으로 대처하며, 목표를 향한 대안적 방법을 찾을 가능성이 더 높고, 보다 많은 사회적 지원을 받아내는 경향이 있다.

칸토어와 샌더슨(Cantor & Sanderson, 1999)은 목표 추구가 행복에 영향을 미치는 이유 중 하나는 삶에 능동적으로 참여하고 있다는 느낌을 주기 때문이라고 하였다. 목표를 추구한다는 것은 우리가 능동적인 참가자로 삶에 참여하고 있다는 징표이다. 내재적인 동기로 자발적인 목표 선택을 하고, 목표를 추구하면서 목표를 향한 활동에 적극적으로 참여할 때 행복은 증진될 수 있다. 어떤 활동을 하느냐가 아닌 삶에 대한 적극적 참여가 중요한 것이다.

3) 비교이론

주관적 안녕, 행복에 관한 인지적 이론들은 행복과 불행은 우리 삶의 다양한 사건들보다는 그에 대한 인지적 해석에 달려 있다고 주장한다. 행복에 대한 인지적 이론 중 대표적인 이론이 비교이론으로, 인간은 자신의 상태를 어떤 기준과 비교하여 긍정적 차이를 인식할 때 행복을 느낀다고 한다. 비교이론에 따르면, 개인은 현재 자신의 상태를 다른 사람, 과거의 삶, 이상적 자기상, 지향하는 목표 등의 기준들과 비교했을 때 우월한 방향으로 차이가 클수록 더 높은 행복감을 경험한다. 즉, 개인의 현재 상태 보다는 현재 상태를 평가하기 위한 기준의 속성이 행복에 중요하다는 것이다. 또한, 높은 기준과의 상향적 비교를 하는 사람보다 하향적 비교를 하는 사람의 행복감이 증가하고, 이처럼 자신을 평가하기 위해 선택하는 비교기준은 우리의 자존감과 행복, 과거와 미래에 대한 태도에도 영향을 미친다.

(1) 다른 사람과의 비교

자기평가를 위해 가장 일반적으로 적용하는 비교기준은 다른 사람들이다. 다른 사람들이 우리보다 더 성공적인지, 재능이 있는지, 더 행복한지에 관심을 갖는 사회적 비교는 자기 평가의 가장 대표적인 방법인데, 비교대상이 어떤 사람이냐에 따라 평가의 결과는 크게 달라진다. 사회적 비교는 자신과 비슷한 사람들과의 수평적 비교, 자신보다 나은 사람들과의 상향적 비교, 자신보다 못한 사람들과의 하향적 비교로 구분할 수 있고, 비교방식에 따라 우리의 주관적 안녕은 큰 영향을 받게 된다.

자기보고식 행복 척도에서 높은 점수를 얻는 사람들은 행복감을 유지하고 긍정적인 대인관계를 유지하는 데 도움이 될 수 있도록 융통성 있게 적절한 사회적 비교를 선택하여 활용한다(Lyubomirsky, 2001). 자신에게 도움이 될 수 있도록 적절한 비교기준을 선택하는 것도 행복한 사람들의 지혜 중 하나로 볼 수 있다.

(2) 과거와의 비교

현재의 자신을 평가하는 또 다른 비교기준은 과거의 자신으로, 우리는 현재를 과거와 비교하여 긍정적인 변화를 인식할 때 행복감을 느낀다. 주관적 안녕 연구들은 사람들이 수입의 절대액수보다 증가된 변화량에 더 민감하기에, 빈곤상태에서는 수입증가가 행복에 미치는 영향이 크지만, 부유하면 그 영향력이 저하되는 것이라고 설명한다.

행복에 있어서 중요한 것은 현재의 절대적 상태가 아닌 과거보다 나아졌다는 긍정적 변화의 인식으로, 행복한 삶의 지속을 위해서는 점진적인 긍정적 변화를 계속 인식하는 것이 필요하다. 삶 속에서 작은 것이라도 긍정적 변화를 인식하고, 소중하게 여기는 것이 행복한 삶의 영위를 위한 비결이라고 할 수 있다.

(3) 이상적 자기상과의 비교

자기 평가의 세 번째 방법은 자신이 어떤 사람이어야 하는지에 대한 기준을 세우고 그 기준과 비교하는 것이다. 자기 평가에서 중요한 한 가지 기준은 자신이 지녀야 한다고 생각하는 특성들을 의미하는 이상적 자기상이다. 히긴스(Higgins, 1987)는 이상적 자기상을 이상적 자기와 의무적 자기로 설명한다. 이상적 자기는 스스로 이상적인 것으로 여기는 자신의 특성이고, 의무적 자기는 부모와 같은 중요한 사람들에 의해 기대되는 자신의 모습이다.

실제적 자기와 이상적 자기의 격차가 클수록 자기평가는 더 부정적이고, 주관적 안녕 역시 저하되며(Morretti & Higgins, 1990), 실제적 자기와 의무적 자기의 괴리가 크면 불안과 부담감을 느끼게 된다. 그러나, 현재는 실제적 자기에 불만족하고 이상적 자기나 의무적 자기와 괴리가 있어도 자신의 노력에 따라 그 기준에 도달할 수 있다는 자신감과 효능감을 지니고 있으면 불만감은 일시적이고 감소될 수 있다.

(4) 지향 목표와의 비교

우리 삶 속에서 일어나는 크고 작은 사건들이 얼마나 행복감에 영향을 미치는가는 우리가 지향하고 있는 목표와의 비교를 통해서 이루어진다. 라자루스(Lazarus 1981, 1991)는 사건에 대한 인지적 평가로 정서가 유발된다는 가정 하에, 평가 과정을 일차적 평가와 이차적 평가로 구분하였다. 일차적 평가는 개인이 추구하는 목표와 관련지어 사건의 의미를 평가하는 과정이고, 이차적 평가는 사건 상황에 효과적으로 대응하기 위한 대처 방법을 평가하는 과정이다. 정서는 일차적 평가의 산물로, 일차적 평가과정에서 개인은 목표 관련성, 목표 합치성, 자아 관여성의 측면에서 사건을 평가한다.

사건이 추구하는 목표와 관련성을 지니고 있는 정도가 목표 관련성이고, 목표 합치성은 사건이 목표 추구에 도움이 되는 정도이다. 사건이 개인의 안녕과 자존감에 어떤 영향을 미치고 있는 지에 대한 평가인 자아관여성의 평가에 따라 세부적인 감정이 결정된다. 일차적 평가내용과 그에 따른 정서의 관계는 〈그림〉에 제시되어 있다.

자존감은 이러한 인지적 평가과정을 통해 형성되는데, 긍정적 자존감의 형성과 유지에는 자기평가, 자기입증, 자기고양의 세 가지 과정이 관여한다. 자기평가과정은 자신에 대해 정확한 평가를 하려고 노력하는 과정이고, 현재의 자신에 대한 자기 평가를 확인하려고 노력하는 과정이 자기입증 과정, 자신에 대해서 호의적인 평가를 하려고 노력하는 과정이 자기고양과정이다. 연구에 의하면, 자존감이 높은 사람들은 자기고양 과정을 많이 사용하는 경향이 있고(Sedikides, 1993), 이러한 자기고양 과정은 문화의 영향을 받는다.

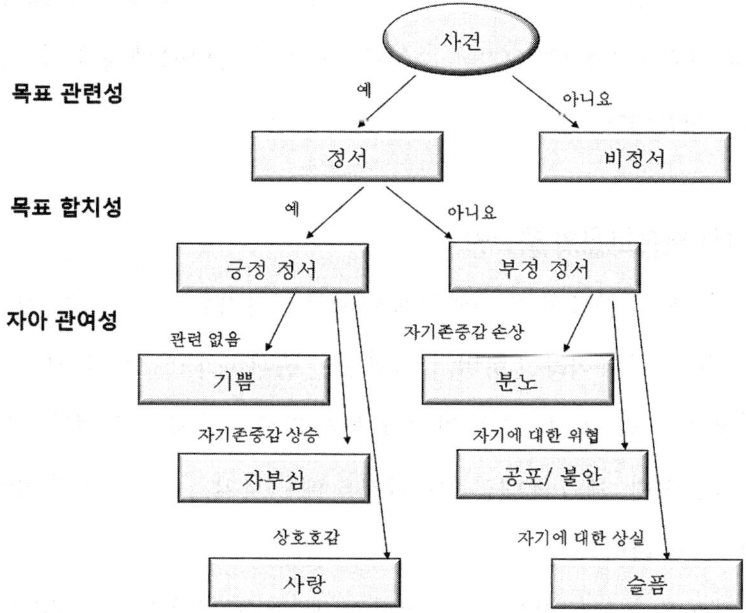

〈그림〉 사건의 단계적 평가와 정서의 체험
(민경환, 2002; Lazarus, 1991)

4) 적응과 대처 이론

아무리 긍정적인 환경과 행복감 속에 있어도 그 상태가 지속되면 행복감은 저하된다. 인간은 지속되는 긍정적 상태에 대해서 적응을 하기 때문이다.

(1) 적응과정의 중요성

지속되는 반복적 자극에 대해 인식이 점차적으로 감소되는 지각적 경향을 적응이라고 하며, 둔감화 또는 습관화라고도 한다. 쾌락에 대해서도 적응과정은 동일하여, 반복적 경험을 통해 그 유쾌한 강도가 감소한다. 쾌락에 대한 적응과정은 매우 보편적으로 행복의 이해에도 중요하다.

행복은 항상 주어지는 자극보다는 새로운 긍정적 사건에 대한 반응이다. 그러나 사람은 그러한 긍정적 변화에 대해 상당히 빠른 시간 내에 적응하게 된다. 복권당첨자에 대한 연구와 사고로 사지 마비가 된 사람들에 관한 연구(Brickman et al., 1978)를 통해 보면, 큰 행운이나 불운을 경험한 사람들이 우리의 생각처럼 자신의 삶을 현저하게 행복하거나 불행하게 느끼지 않는데 이는 현격한 삶의 변화 속에서도 그러한 삶에 적응하기 때문이다. 이러한 적응현상은 왜 일어나는가?

첫째, 적응과정은 특정 감각을 유발하는 외부의 자극에 대해 우리가 압도되지 않도록 보호하는 기능을 지닌다. 그것이 쾌감이든 고통이든 우리의 신체반응을 흥분시키고 주의를 분산시키기 때문에, 일상생활로 돌아올 수 있도록 흥분상태가 오래 지속되지 않는 것이 좋다(Barkow, 1997).

둘째, 적응은 주변 환경에서 일어나는 변화에 민감해 지게 한다. 생존을 위해 환경의 변화를 예민하게 포착하고 대처하도록, 반복되는 자극에 지속적으로 주의를 빼앗기지 않게 하는 것이다.

동일한 활동을 반복하면 흥미를 잃게 되지만, 활동 속에 약간의 변화를 주거나 새로움을 발견하면 흥미를 유지할 수 있다. 기계적으로 반복되는 취미활동에서는 적응 또는 둔감화가 일어나 흥미를 상실하지만, 그 활동 속에서 미묘한 변화를 느끼거나 창의적으로 변화를 추구하면 오히려 민감화가 일어나 흥미가 증대될 수 있다. 이 차이는 활동의 속성 자체보다는 그 활동에 임하는 사람의 자세에 있는 경우가 더 많다.

(2) 대처의 중요성

변화에 대한 적응과 관련하여 중요한 요인은 대처이다. 대처는 능동적인 적응과정으로, 대처능력은 주관적 안녕과 밀접한 관계를 지니고 있어서 성숙한 대처를 하는 사람이 유쾌한 감정을 더 많이 느낀다.

대처에는 낙관성이 중요한데, 낙관적인 사람들은 삶에 대한 만족도와 행복도를 더 높게 보고하고(Diener et al., 1999), 나아가 스트레스 상황에서도 더 효과적인 대처전략을 사용한다. 자존감과 자기 통제감이 높으며 대인관계에서 성공적인 사람들은 희망과 긍정적 기대를 가지고 미래를 바라볼 가능성이 높다.

적응과 대처이론이 시사하는 바는 첫째, 그것이 미세한 것이어도 긍정적 변화에 주목하고 자각하라. 둘째, 사건의 부정적 측면을 무시하지는 않되, 긍정적 측면에 주의를 기울여라. 셋째, 사건의 의미를 긍정적으로 해석하고 받아들여라. 넷째, 미래에 대한 긍정적 기대를 지니고, 최선의 결과를 유발할 수 있는 대처를 하라.

함께 생각하기

"나만 빼고 다 행복" 상대적 박탈감으로 SNS 탈퇴

[출처] CIVIC news 2017. 2.12일자 중에서

취업준비생 김주현(24) 씨는 얼마 전 페이스북, 인스타그램 등 SNS 계정을 모두 삭제했다. SNS에 접속할 때마다 지인들의 행복한 사진을 보는 게 견디기 힘들었다는 게 그 이유. 김 씨는 취업준비생인 자신과는 다르게 맛있는 음식을 먹고, 여행을 다니는 지인들의 소식을 접할 때마다 우울함이 배가 됐다고 말했다. 그는 "취업 준비도 힘들지만, 나 빼고 모두가 다 행복하다는 생각이 드는 게 가장 괴로웠다"며 "초라해지는 게 싫어서 SNS를 탈퇴했다"고 덧붙였다.

이 같은 현상은 설문조사로도 입증됐다. 아르바이트 포털 사이트 알바천국은 지난달 23~31일 전국 20대 청년 616명을 대상으로 '20대의 자존감'에 대한 설문조사를 진행한 결과, 20대 청년들의 자존감을 낮추는 가장 큰 요인으로 지인의 SNS가 꼽혔다고 8일 밝혔다.

자존감이 가장 낮아지는 때에 대해서는 '행복해 보이는 친구들의 소셜 미디어를 볼 때'가 27.6%로 1위를 차지했다. 이어서 '취업이 안 될 때(22.7%),' '가족들의 기대에 부응하지 못할 때(21.9%)'가 뒤를 이었다. '외모가 만족스럽지 못할 때' 자존감이 낮아진다고 응답한 20대도 11%나 됐다.

1. 다른 사람들의 SNS를 보며 우울해 지거나, 자존감이 낮아지는 경험을 한 적이 있나요? 그때의 경험을 나누어 봅시다.

2. 다른 사람들과 비교하지 않는 것이 어려운 이유는 무엇일까요?

영화를 통해 생각하기

❖ 빌리 엘리어트를 보고 함께 생각해 봅시다.

1. 영화 속의 인물 중 나와 닮은 사람은 누구인가요? 그렇게 생각하는 이유는?

2. 빌리 엘리어트는 자신의 문제를 어떻게 보고 있나요?

3. 빌리 엘리어트는 어떻게 문제를 해결하고 있나요?

4. 어떤 장면, 상황이 당신에게 가장 인상적인가요? 기억에 남는 대사가 있다면 적어 보세요.

5. 영화를 본 나의 느낌은?

나의 일주일

❖ 일주일을 어떻게 보내고 싶은지 생각해 봅시다. 어떤 활동에 얼마만큼의 시간을 보낼 것인지 생각하며 정리해 봅시다. (활동/시간)

❖ 위에 적은 활동들이 의미 있는 활동인지, 즐거움을 주는 활동인지 생각하며 아래에 표시해 봅시다.

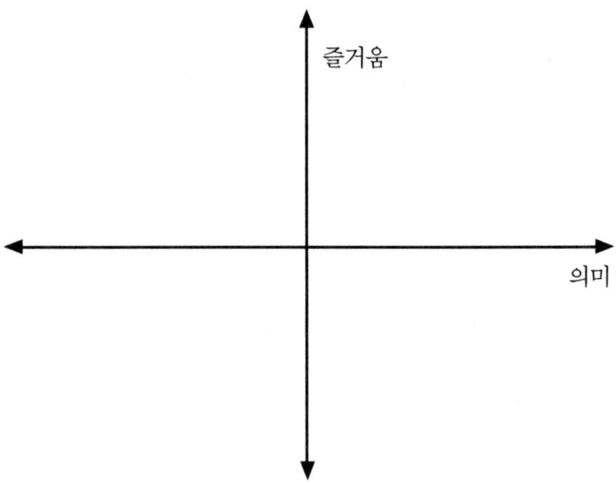

제 4장 행복한 사람들

행복하다고 느끼는 사람들은 어떤 특성을 지니고 있을까? 성별에 따라 남자와 여자 중 누가 행복감을 더 많이 느끼고 있을까? 돈을 많이 버는 사람들은 행복도가 높을까? 나이와 행복도는 어떠한 관련이 있을까?

1) 행복에 영향을 미치는 인구사회학적 요인

(1) 성별

성별에 따라 느끼는 행복도에는 어떤 차이가 있을까? 행복이나 삶의 만족도에 대한 자기보고 연구에서, 남성과 여성의 차이는 일관성 있게 나타나지 않고 유의한 차이가 없거나 여성 혹은 남성이 더 행복하다는 결과들이 혼재하고 있다. 우드(Wood), 로즈(Rhodes)와 웰런(Whelan, 1989)은 이러한 다양한 연구 결과를 종합적으로 분석하여 일반적으로 여성이 남성보다 약간 더 높은 수준의 행복을 보고하는 경향이 있으나 차이는 매우 작다고 하였다.

성인의 경우 여성의 정신장애 유병률이 남성보다 높음에도, 왜 주관적 안녕에 있어서는 남성과 여성이 차이가 없거나 여성이 더 행복하다는 결과가 나타나는 것일까? 이에 대한 한 설명은 여성이 긍정적, 부정적 면 모두에서 보다 강한 정서를 경험하기 때문이라는 것이다. 여자는 남자보다 불행감도 많이 느끼지만 행복감도 더 많이 느껴서, 여성에 비해 정서체험에 둔감한 남성과 대체로 비슷한 수준의 행복감을 느낀다는 것이다.

여러 연구에서 성별은 주관적 안녕의 개인차를 1%정도밖에 설명하지 못한다(Nolen-Hoeksema & Rusting, 1999). 남성이든 여성이든 다른 성보다 더 행복하거나 더 불행해 질 운명을 타고 난 것은 아니다.

(2) 연령

연령에 따른 행복도의 차이가 있을까? 한 연령대가 다른 연령대보다 더 행복할까? 일반적으로 청년들이 노인들보다 더 행복할 것이라고 생각하지만, 이러한 생각은 경험적 연구에서 입증되고 있지 않다. 연구결과에 따르면, 주관적 안녕은 연령이 높아짐에 따라 다소 증가하는 경향이 있으며, 떨어지지는 않는 것으로 밝혀졌다. 연로한 사람들이 젊은이들보다 삶에 더 만족하며 더 행복하다는 결과들이 보고 되고 있다(Argyle, 1999).

그 이유는 무엇일까? 첫째, 젊은이들이 연로한 사람들보다 더 강렬한 감정을 경험하는 것으로 보인다. 그러나 성별의 경우에서처럼, 강도가 강한 정서가 더 높은 행복감을 보장하지는 않는다. 긍정 정서를 더 강하게 느낄 수도 있지만 부정 정서 역시 더 강하게 느낄 수 있기 때문이다. 둘째, 주관적 안녕을 어떻게 측정하느냐에 따라 그 차이가 달라진다. 연로한 사람들은 인생의 과정에서 목표하거나 바라던 것들을 더 많이 성취할 수 있다. 개인차는 있지만, 연로한 사람들은 일반적으로 열망하던 삶의 목표와 실제 성취의 차이를 작게 인식하는 경우가 많다. 또한, 그 차이를 수용하는 경향도 상대적으로 높아 삶의 만족도 역시 높아진다. 그러나 나이가 많아지면서 증가하는 건강문제로 연령이 주관적 안녕에 부정적 영향을 미칠 수도 있다. 그리하여 연로한 사람은 젊은이에 비해 성취감이나 삶의 만족도가 더 높지만, 미래에 대한 만족도는 저하되는 경향이 있다(Argyle, 1999).

성별과 연령을 동시에 고려한 연구에서는 노년기 여성이 노년기 남성에 비해 행복도가 낮은 경향을 보고하고 있다(Argyle, 1999). 남성의 행복도는 나이에 따라 증가하지만, 여성의 행복도는 25세까지 증가하다가 25세~35세 사이에 일시적 저하를 보이고 다시 점진적으로 증가하는 경향을 보이는데(Mroczek & Kolarz, 1998), 어린 자녀의 양육부담으로 인한 것으로 추정되고 있다. 이처럼 연령대에 따라 행복도에 영향을 미치는 요인들의 영향은 달라진다. 최근에는 의학이 발전하고 건강과 체력의 향상으로 은퇴한 노년층의 행복도가 다른 연령층에 비해 높아지는 경향이 나타나고 있다.

(3) 경제적 수준

사람들은 행복해지기 위해 필요한 것에 대한 질문에, 흔히 '돈, 경제적 여유'를 들곤 한다(Myer, 2000). 경제적 부는 안전, 자유, 권력, 애정 등에 대한 욕구를 다양한 방법으로 충족시켜 주는 중요 수단으로 간주되고 있다.

경제적 수준에 따른 행복도에 대한 국가 간 비교연구를 통해 보면, 부유한 국가의 국민은 가난한 나라의 국민보다 훨씬 행복했다(Diener & Biswas-Diener, 2002; Diener, Diener, & Diener, 1995).

그러나 연구결과를 더 자세히 살펴보면, 부와 행복의 관계는 상당히 복잡하다. 예를 들어 아일랜드 국민은 미국인보다 약간 더 높은 주관적 안녕을 보고했으나, 국민소득은 미국의 절반에도 미치지 못한다(Myers, 2000). 세계 최빈국 네팔의 국민들은 상당히 높은 행복도를 보고하고 있다. 미국에서 이루어진 연구(Myers, 2007)에서 보면, 1950년대부터 2000년대에 이르도록 개인의 소득 수준은 3배 이상 증가했으나 행복 수준은 거의 증가하지 않았다.

그러면 한 국가 내에서 소득 수준이 높은 사람은 더 행복한가? 개인의 소득이 빈곤 수준을 넘어서기까지는 그렇지만, 그 이상의 증가는 행복에 영향을 미치지 않는다. 복권 당첨자들을 대상으로 한 연구(Brickman et al., 1978)에서 복권당첨 초기의 행복 수준은 오래 지속되지 않고 대부분 비교적 빨리 당첨 이전의 행복 수준으로 복귀했다.

경제적 수준은 의식주와 질병치료 같은 기본적 욕구 충족이 가능할 때까지만 행복 수준에 영향을 미치고, 이러한 욕구가 해결된 상태에서는 그 영향이 미미하다. 수입의 액수 보다는 수입의 증가가 행복감에 더 많은 영향을 미치지만, 사람들은 높아진 소득에 '적응'하게 되므로 수입이 행복에 미치는 영향은 일시적일 뿐이다.

(4) 교육 및 지능 수준

교육수준은 행복에 어떠한 영향을 미칠까? 많은 연구들을 종합해 보면, 교육 수준이 행복도와 정적인 상관을 보이긴 하지만, 그 정도는 미약한 것으로 밝혀졌다(Argyle, 1999). 특히, 소득이 어느 수준을 넘어서면 교육 수준이 행복에 미치는 영향력은 저하된다. 게다가 실업 상태에서는 교육 수준이 높은 사람이 낮은 사람보다 기대 수준으로 인해 더 많은 불행감을 느낀다. 교육 수준이 행복도에 미치는 영향은 과거에 비해 감소하는 추세에 있다.

지능 수준 그 자체는 행복도에 영향을 미치지 못하고, 다만 지능이 현저히 우수하고 적절한 기대 수준을 지니는 경우에 행복도가 높아지는 경향이 있다.

(5) 직업

직업을 가진 사람들은 그렇지 않은 사람들보다 더 행복하며, 전문직 도는 숙련직 노동자가 비숙련직 노동자보다 더 행복한 것으로 나타났다(Argyle, 2001). 그러나 직업의 유형보다는 직업만족도가 행복에 더 중요하다. 개인과 직업의 적합도가 높고, 개인의 자율성, 내재적 보상, 지지적 관계 등의 특성을 지닌 직업에서는 만족도가 높아진다. 행복한 사람은 업무 생산성이 높아지고, 업무생산성이 높아지면 직업만족도가 높아진다.

(6) 결혼

결혼은 행복에 중요한 영향을 미치는 것으로 알려져 있다. 주관적 안녕 연구에서 기혼자의 행복도는 미혼자보다 일관성 있게 높게 나타난다(Argyle,1987; Diener et al., 1999; Myers, 2000). 남성과 여성 모두 결혼한 사람들이 더 행복하고 삶에 만족하는 것으로 나타났고 이러한 결과는 모든 연령, 소득 수준, 교육 수준, 인종에서 공통적이다.

결혼과 행복의 관계에 대해, 행복한 사람들이 결혼을 하고 불행한 사람들은 하지 않는 경향이 있거나, 결혼 생활이 행복해질 수 있는 다양한 혜택을 주기 때문이라는 설명이 제시되고 있다. 긍정적 상호작용과 정서 표현을 많이 하고, 역할 분담이 잘 되어 있으며, 솔직하게 자기 개방을 하고 친밀한 관계를 맺을수록 결혼만족도는 높아진다. 이밖에도 성격, 신체적 매력, 가치관과 흥미, 정치적 견해에서 유사한 부부는 결혼만족도가 높고 갈등, 외도 가능성은 낮으며 보다 안정된 환경에서 자녀를 양육하는 경향이 있다(Buss, 2000; Newman & Newman, 1991). 결혼상태에 따른 행복도는 만족스러운 부부관계의 기혼자, 독신여성, 독신남성, 고통스러운 부부관계의 기혼자 순으로 나타난다.

행복에 미치는 결혼의 영향은 여성에게서 보다 남성에게서 더 크게 나타나서, 남성과 여성의 행복도는 결혼 이후 모두 증가하지만, 남성의 행복 증가도가 더 높다.

1970년대 이후에는 결혼과 행복도의 관계가 지속적으로 감소하여, 과거 세대에 비해 젊은 부부들의 만족도가 더 낮고, 갈등 수준은 더 높다(Rogers & Amato, 1997, 2000).

(7) 종교

종교는 개인적으로 삶의 의미를 제공하고, 사회적으로는 집단 정체감과 사회적 지지체계를 형성하게 해 준다. 그러난 종교는 삶의 만족도의 5~7%, 정서적 안녕의 2~3%를 설명하고 있을 뿐이다(Argyle,

1999). 종교가 주관적 안녕에 미치는 영향은 개인적 특성과 사회의 특성 즉 종교적 사회인가의 여부에 따라 달라진다.

(8) 건강

건강은 주관적 안녕과 밀접한 관계를 지니는데, 질병과 장애는 이에 적응하는 능력에 따라 주관적 안녕에 미치는 영향력이 달라진다.

성격특질이나 대처방법에 의해 더 많은 영향을 받는 건강에 대한 주관적 평정치는 행복과 상관을 나타내지만, 의사에 의한 객관적 평정치는 그렇지 않다(Diener et al., 1999).

행복이 면역체계에 영향을 미쳐 건강을 증진한다는 연구결과들이 증가하고 있다(Kamen-siegel, Rodin, Seligman, & Dwyer, 1991; Segerstrom, Taylor, Kemeny, & Fahey, 1998; Stone & shiffman, 1994). 미국 수녀들의 삶을 연구한 한 연구(Danner, Snowdon, & Friesen, 2001)에서 수녀들은 서품을 받을 때 자서전적인 일기를 썼는데, 연구자들은 그 일기를 통해 수녀들이 표현한 긍정 감정을 보았다. 이후 수녀들의 평균 수명을 조사했다. 비교 가능한 식습관과 활동패턴을 가지고 있었던 수녀들은 연구결과, 일기에서 가장 긍정적 감정을 표현한 수녀들일수록 그렇지 않은 수녀보다 오래 살았다는 사실을 발견했다.

2) 행복에 영향을 미치는 심리적 요인

행복은 외부환경으로부터 주어지는 것이 아닌 개인이 스스로 만들어나가고 발견하는 것이기 때문에 주관적 안녕에는 심리적 또는 성격적 요인들이 중요한 영향을 미치는 것으로 보고되고 있다. 개인의 성격적 특징은 환경과의 상호작용 뿐 아니라 자신과 환경에 대한 주관적 평가에도 영향을 주기 때문에 행복에 커다란 영향을 미치게 된다.

행복에 영향을 미치는 심리적 요인으로는 낙관성, 자존감, 외향성, 통제감, 긍정적 대인관계, 인생의 목적의식 등이 중요한 것으로 알려지고 있다(원두리, 김교헌, 2006; Argyle, 1987; Diener et al., 1999; Myers, 1992).

(1) 낙관성(optimism)

낙관성은 미래에 대해서 긍정적인 기대와 전망을 하는 인지적 경향성을 의미한다. 이러한 낙관성이 높은 사람들은 자신의 행복도와 삶의 만족도가 높은 것으로 보고된다(Diener et al., 1999). 미래의 긍정적 결과를 예상하게 되면, 기분이 고양되고 스트레스 상황에서도 적극적 대처가 가능해진다. 또한 낙관성은 주관적 안녕의 예측 요인인 자존감, 통제감, 긍정적 대인관계와도 밀접한 관계를 지니고 있다.

Seligman(1991)은 사람들에게 자신이 인생의 사건들을 어떻게 설명하는지 주의를 기울이고 그 원인을 보다 긍정적인 방향으로 재귀인하는 방법을 가르침으로 낙관성을 증진시킬 수 있다고 제안하고 이를 학습된 낙관주의(learned optimism)라고 불렀다.

비관적이며, 사물의 어두운 면을 보고, 불행한 기억을 회상하는 우울한 사람들과는 대조적으로, 낙관주의자는 미래에 대해 낙관적이고, 과거의 좋은 경험을 회상하며, 타인의 긍정적인 면을 보고, 자유연상 테스트에서 더 즐거운 항목들을 생각해 낸다(Argyle, 1987).

그러나 비현실적인 낙관성은 거짓 안전감과 잘못된 위험지각으로 불행한 결과를 초래할 수도 있으므로, 낙관성이 장기적 행복증진에 기여하려면 현실적 근거에 바탕을 두어야 한다(Schneider, 2001).

(2) 자존감(self-esteem)

자존감 역시 주관적 안녕의 매우 강력한 예측변인으로(Campbell, 1981), 자기 자신에 대한 전반적인 긍정적 평가와 우호적 태도를 의미한다. 자존감이 높은 사람은 자신을 가치 있고 유능한 존재로 생각하며 자신에 대해 만족감을 가진다.

자존감은 개인의 다양한 적응적 기능과 밀접하게 관련되어 있는데, 긍정적 자존감을 지닌 사람은 인간관계에서의 만족도, 친밀감, 타인을 배려하는 능력, 생산적 수행능력 등이 높고 분노 조절을 잘 하며, 반사회적 행동을 하지 않는 경향을 지닌다(Hoyle, Kernis, Leary, & Baldwin, 1999). 자존감은 개인의 건강한 성장과 성취의 결과물이면서 동시에, 인간관계와 생산적 활동에 긍정적 영향을 미침으로 행복을 증진하게 된다(Ryan & Deci, 2000). 반면에, 낮은 자존감을 지닌 사람은 자신의 삶에 대한 만족감을 느끼기 어렵고, 실패와 좌절의 결과로 우울증을 비롯한 다양한 정서장애를 보유하게 될 수도 있다.

(3) 외향성(extroversion)

인간의 성격 유형을 구분하는 가장 중요한 차원은 외향성-내향성으로 융(Jung)에 의해 처음 제안되었다. 외향성은 개인의 심리적 에너지, 즉 주된 관심사가 외부환경으로 지향되는 성향이고, 내향성은 관심의 방향이 자신의 내면적 경험으로 향하는 성향이다. 외향적인 사람들은 사교성이 높고, 활동적이며, 정서적 흥분을 추구하는 경향이 있다. 융(Jung)은 이러한 외향성-내향성이 선천적으로 타고나는 기질적 성향이라고 주장하였다.

외향성은 주관적 안녕을 예측하는 매우 중요한 성격요인으로(Diener et al., 1999), 많은 연구에서 외향성과 행복도의 높은 상관이 일관성 있게 보고되고 있다.

외향성은 어떻게 행복에 영향을 미치는 것일까? 외향성의 구성 요소인 사교성이 행복에 영향을 미치는 것으로 생각하여, 사람들과의 긍정적 관계의 기회가 많고 그들로부터 받은 긍정적 피드백으로 행복도가 높아질 수 있다고 하였다. 그러나 최근의 연구에 따르면, 외향적 사람들이 내향적 사람들보다 더 많은 시간을 타인과 보내는 것은 아니며(Pavot, Diener, & Fujita, 1990), 혼자 시간을 보낼 때에도 내향적 사람들보다 외향적 사람들이 더 높은 행복도를 보고했다(Diener, Larson, & Emmons, 1984). 왜 외향적인 사람들이 더 행복하다고 보고하는 것일까?

연구자들(Larson & Ketelaar, 1991; Lucas, Diener, Grob, Suh, & Shao, 2000; Rusting & Larsen, 1998)은 외향적인 사람들이 긍정정서 성향을 지니고 있어 긍정적 보상에 대한 민감성을 갖고 긍정적 사건에 더 강하게 반응하기 때문이라고 설명한다. 이들은 사건을 긍정적으로 기억, 회상하는 경향이 있다는 것이다(Seidlitz & Diener, 1993). 또한 외향적인 사람들은 사교적 상황을 편안하고 즐거운 것으로 생각하며 사회적 상호작용을 통해 만족스러운 일을 경험한다고 여기므로 더 높은 행복감을 보고할 수 있다.

외향성과 행복도의 상관이 높다고 하여 내향적인 사람들은 불행감과 우울감에 빠지게 된다는 것은 아니다. 다만, 행복감을 느끼는 수준이 상대적으로 낮을 뿐이다.

(4) 통제감(sense of perceived control)

통제감은 개인적으로 중요한 삶의 사건들에 대하여 자신이 통제할 수 있다는 신념이다. 중요한 사건의 통제권이 개인 자신에게 있는지 아니면 타인이나 외부요인에 있는지를 의미하는 통제소재와 주관적 안녕의 관계에 대한 많은 연구에서 내적 통제 소재를 지닌 사람들이 외적 통제 소재를 지닌 사람들보다 다양한 측면에서 더 높은 주관적 안녕 수준을 보여주고 있다(Lefcourt, 1981).

피터슨(Peterson, 1999)은 개인적 통제감이란 "좋은 결과를 극대화하고 나쁜 것을 최소화하는 방향으로 스스로 행동할 수 있다는 믿음"이라고 정의하고, 이는 어떤 일을 하게 되었을 때 우리에게 정서적, 동기적, 행동적, 생리적 활력을 북돋우는 것이라고 설명했다. 통제감은 통제 소재 뿐 아니라 내재적 동기와 역량 강화, 효율적 선택, 대처 행동 등 개인의 행동 전반에 영향을 미치는 중요 요인으로 인식되고 있다.

그러나, 신을 믿는 독실한 종교인들은 신이 자신의 삶에 대한 통제권을 가지고 있다고 믿음에도 불구하고 높은 행복도를 보고한다. 이것은 이차적 통제감의 개념으로 이해할 수 있는데(Rothbaum, Weisz, & Snyder, 1982), 사람들은 자기보다 강력한 존재인 타인이나 조직, 이념 또는 절대자에게 의식적으로 자신의 통제권을 이관함으로 다 강력한 어떤 존재의 관리와 보호를 받는다는 느낌을 갖게 된다는 것이다. 이처럼 통제감과 행복도의 관계가 단순하지는 않지만, 다양한 문화권에서 개인적 통제감과 행복은 밀접한 관계를 보이고 있다.

(5) 긍정적인 인간관계

긍정적인 사회적 관계의 존재 여부는 주관적 안녕을 예측하는 강력한 변인이다(Diener et al., 1999; Myers, 2000). 긍정적인 인간관계는 주관적 안녕에 긍정적 영향을 미치는 정서적 친밀감과 사회적 지지를 제공해 준다. 배우자, 가족, 친구와의 관계에서 경험하는 친밀감은 삶의 만족도를 예측하는 가장 강력한 변인으로 알려져 있고, 물질적 풍요, 건강 및 여가 활동보다 더 강력한 변인이다(Cummins, 1996).

대학생 중 행복도가 가장 높은 10%의 집단을 대상으로 한 연구에서, 가장 두드러진 요인은 매우 풍요롭고 만족스러운 인간관계를 맺고 있는 것으로 나타났고(Diener & Seligman, 2002), 다양한 연구들을 통해 사회적 지지가 행복에 긍정적 영향을 미친다는 것이 밝혀졌다(Sarason, Sarason, & pierce, 1990). 친밀하고 지지적인 관계 속에서 살아간다고 느낀다면, 자존감과 효능감이 높아지고 어려움에도 잘 대처하며 심리적 장애를 나타낼 가능성도 줄어든다. 긍정적인 인간관계와 행복은 상호작용적 특성을 지니고 있어서, 행복감을 느낄 때 인간관계가 증진될 뿐 아니라, 타인과의 긍정적 관계 경험은 행복감을 증진시킨다.

(6) 인생의 목적의식

인생의 의미와 목적에 대한 인식을 갖는 것 또한 주관적 안녕에 중요한 것으로 생각되고 있다. 인생의 목적의식은 흔히 종교성으로 측정되었는데(Myers, 1992, 2000), 종교는 인생에 대한 목적과 의미의 제공 뿐 아니라 존재론적 고독과 죽음에 대한 공포를 이겨내는 데 도움이 된다. 종교적 신념이 강하고 삶에서 종교가 갖는 중요성이 높고, 종교의식에 자주 참여하는 사람일수록 주관적 안녕 수준이 높은 것으로 보고되고 있다. 이것은 종교가 사람들에게 인생의 의미와 사회적 지지를 제공하고, 가치를 공유하는 사람들과의 교제로 자신의 신념을 지지받는 경험을 통해 자존감이 높아지게 된다는 것을 보여준다.

그러나, 인생의 목적의식은 반드시 종교적 신념과 연관되는 것은 아니며(Compton, 2000; McGregor & Little, 1998), 그것이 무엇이든 자신에게 의미 있는 목표를 적극적으로 추구할수록 행복감은 증진될 수 있다(Oishi, Diener, Suh, & Lucas, 1999).

나는 ____________________에 대하여 감사하고 있다.

내가 갖게 되어 기쁘게 생각하는 물건	
내가 고마움을 느끼는 사람들	
고맙게 생각하는 것	

1. 고맙다는 말을 하고 싶은 사람이 있나요? 그 대상을 생각하며, 감사의 편지를 써봅시다.

2. 감사의 표현을 하는 것이 쑥스럽고 어색할 때가 있습니다. 어색함을 최소화하여 감사의 표현을 하는 방법을 함께 나누어 봅시다.

감사 일기 쓰기

하루를 지내면서 감사했던 일을 생각해 봅시다. 늘 당연하게 여겼던 일상적인 일도, 부모님이나 친구가 내게 해 준 고마운 일도 될 수 있습니다. 하루를 회상하며 감사했던 일 다섯 가지를 적어 봅시다.

읽고 생각하기

나는 매일 아침 9시에 눈을 떠서 조간신문을 집어 들고 부고란을 본다. 그리고 내 이름이 거기에 없으면 자리에서 일어난다. - 벤저민 프랭클린

황금빛으로 물든 저녁, 푸우와 피글렛이 골똘히 생각에 잠긴 채 집으로 걸어가고 있었다. 둘은 오랫동안 말이 없었다.
마침내 피글렛이 입을 열었다.
"푸우, 넌 아침에 일어나 제일 먼저 무슨 생각을 하니?"
그러자 푸우가 대답했다.
"음, 오늘 아침은 뭘 먹을까 하는 생각? 넌 어때, 피글렛?"
"오늘은 어떤 신나는 일이 생길까 하는 생각?"
푸우는 생각에 잠긴 표정으로 고개를 끄덕거렸다.
"나랑 똑같네."

《행복이란 무엇인가》중에서 정지현 역(2013). 파주: 21세기북스

▣ 아침에 일어나서 당신이 제일 먼저 떠올리는 생각은 무엇인가요?

▣ 아침의 첫 생각은 당신의 하루에 어떤 영향을 미치고 있나요?

▣ 당신이 그리는 가장 행복한 아침은 어떤 모습인가요?

제 5장 예수가 선포한 '참 행복'

1) 어디서, 어떻게

예수의 역사적인 행복선언의 현장이다.

"예수님께서는 그 군중을 보시고 산으로 오르셨다. 그분께서 자리에 앉으시자 제자들이 그분께 다가왔다. 예수님께서 입을 여시어 그들을 이렇게 가르치셨다"(마 5:1-2)

'산으로 오르셨다!' 왜 산으로 오르셨나? 이는 상징적인 표현이다. 산은 정통적으로 신적이 가르침이 내리는 장소다. 산은 신과 만나는 특별한 장소이다. 산은 하늘과 땅을 연결하는 고리이고, 그래서 하나님과 인간이 만나는 특권을 부여받은 장소이다. 그래서 이스라엘 사람들을 호렙(시내) 산을 하나님이 이스라엘 민족에게 계명을 내린 하느님의 산으로 생각한다. 마태는 틀림없이 이 유대적인 관점을 적용했을 것이다. 유대인에게 계명은 그들이 삶을 성공적으로 살 수 있도록 하나님이 그들을 지켜주신다는 은혜였다. 이스라엘 민족은 계명을 주신 하나님을 찬양한다. 그래서 하나님과 그들 사이의 좋은 유대관계가 가능하다. 그리고 개인들은 내면의 평화와 행복을 발견하려면 어떻게 살아야 하는지 알고 있다.

그 옛적에도 모세가 하나님 말씀을 받으러 산으로 올라갔다. 예수 역시 아버지 하나님의 말씀을 받들러 산으로 갔다. 결국 예수님은 군중들에게 행위로 의중을 드러내셨다.

"내가 주는 가르침은 내 지혜가 아니라 아버지가 주신 지혜다. 하늘로부터 내려온 지혜이니라! 그러니 자세를 추스르고 들을지니라."

이어 예수는 '자리에 앉으셨다.' 앉는 자세는 스승의 자세, 권위 있는 선생의 자세다. 평소 예수는 길을 가다가 대화를 나누면서 도상의 교육을 즐기셨다. 그런데 이번에는 다르다. 여기에는 의도하신 깊은 뜻이 있다. 지금부터 들은 것은 내가 딴 데서 가르친 것과는 격이 다르다는 의미이다. 내가 선포하는 '여덟 가지 행복'은 바로 행복의 문을 여는 열쇠요, 행복에 이르는 길이라는 것이다.

2) '행복하여라'

여덟 가지 행복선언은 항상 "행복하여라"라는 단어로 시작된다. 그리스어로 '마카리오스(makarios)'다. 이 말은 특히 신적인 행복, 천복

(天復), 위로부터 오는 행복을 나타낼 때 쓰인다. 바꾸어 말하면 이 말은 최상의 행복 곧 지복(至福)을 가리킨다.

이를 철학적인 용어로 '초월적인' 복이라고 한다. 초월적인 복이라는 말은 뜬구름 잡는 추상적인 복을 가리키지 않고, 우리 안에 삼투되어 있는 차원 높은 복을 뜻한다. 곧 지금 우리가 추상적으로 생각하고 누리는 것을 능가하는 복이라는 뜻이다.

'행복하여라'라는 이 선언은 삶의 목표에 정의를 내리고 출발한다. "이제 더 이상 헤매지 마라. 어떻게 하면 행복할 것이냐? 그 방법이 여덟 가지가 있다."

여덟 가지 행복 가운데 처음 세 가지는 크게 믿음(信)의 범주에 속하는 것이다.

'가난', '슬퍼함', '온유', 모두가 믿음의 에너지다. 믿음이란 무엇인가? 나 중심에서 하나님 중심으로 무게 중심이 옮겨감이요, 하나님의 그늘 속으로 안기는 것을 말한다.

'가난'은 자신 안에서 찾았던 풍요를 하나님 안에서 누리는 지혜다.

'슬퍼함'은 자신에게서 찾았던 위로를 하나님 품에서 발견하려는 부르짖음이다.

'온유'는 더 이상 자신의 뜻을 이루려 하지 않고 하나님의 뜻을 추구하려는 맡김이다.

여덟 가지 행복 가운데 그 다음 네 가지는 소망의 범주에 속한다.

'의', '자비', '마음 깨끗함', '평화', 모두가 소망의 에너지다. 소망이란 어떤 것을 열심히 목말라하고 구하는 것을 말한다. 그것을 얻기까지 몰입하여 바라는 것을 가리킨다.

'의'에 주리고 목말라하는 것은 말 그대로 추구하고 갈망하는 기운이다.

'자비'를 베푸는 것도 적극적인 성취의 태도다. '마음 깨끗함'도 부단히 갈고닦는 노력을 요한다. 가만히 앉아서 될 일이 아니다. '화평'을 이루는 것도 현장에로의 투신을 요구한다. 끊임없이 찾아가야 하는 것이다. 소망으로 자체 만족의 행복을 누리라는 것이다.

예수는 "산상설교(혹은 산상수훈)"에서 인간들을 "마카리오스(행복하다 또는 복되다 또는 기쁨으로 넘친다)"라며 여덟 번 칭찬한다. 예수에게 행복을 대하는 여덟 가지 삶의 자세는 천국이 보이는 정상으로 가는 길인 동시에 하나님의 완전함으로 가는 길이다.

성경본문이다.

"예수께서 무리를 보시고 산에 올라가 앉으시니 제자들이 나아온지라
입을 열어 가르쳐 이르시되
심령이 가난한 자는 복이 있나니 천국이 그들의 것임이요
애통하는 자는 복이 있나니 그들이 위로를 받을 것임이요

온유한 자는 복이 있나니 그들이 땅을 기업으로 받을 것임이요
의에 주리고 목마른 자는 복이 있나니 그들이 배부를 것임이요
긍휼히 여기는 자는 복이 있나니 그들이 긍휼히 여김을 받을 것임이요
마음이 청결한 자는 복이 있나니 그들이 하나님을 볼 것임이요
화평하게 하는 자는 복이 있나니 그들이 하나님의 아들이라 일컬음을 받을 것임이요
의를 위하여 박해를 받은 자는 복이 있나니 천국이 그들의 것임이라 나로 말미암아 너희를 욕하고 박해하고 거짓으로 너희를 거슬러 모든 악한 말을 할 때에는 너희에게 복이 있나니 기뻐하고 즐거워하라 하늘에서 너희의 상이 큼이라 너희 전에 있던 선지자들도 이같이 박해하였느니라"(마 5:1~12)

3) 산상수훈과 반대의 삶

행복을 대하는 여덟 가지 삶의 자세와 반대되는 자세는 병을 만든다. 그 자세는 영혼과 정신과 몸을 해친다.

첫 번째 삶의 자세인 마음의 가난과 반대되는 자세는 부에 집착하는 것이다. 부 자체가 해로운 것은 아니다. 하지만 융(Jung)의 말처럼 소유가 가면을 강하게 만들 수 있다. 부에 집착하는 사람은 종종 그의 부족한 자존감을 재물을 통해서 보충한다. 그리고 그는 재물과 성공

을 자기 자신을 가리는 가면으로 유지한다.

내적인 자유로서의 가난은 한 마디로 건강으로 가는 길이다. 이때 가난은 삶의 부정이 아니다. 이 가난은 무엇보다도 단순함으로, 사물들로부터 자유로워지는 것이다. 모든 그리스 의사들은 단순한 삶을 건강으로 가는 길이라 칭찬했다.

두 번째 삶의 자세는 우리에게 슬픔이 영혼의 건강을 위해 중요한 기여를 한다고 가르친다. 많은 심리치료사들은 영혼의 병과 가끔은 신체적인 병도 원인을 파헤쳐 보면 슬픔을 거부했기 때문에 발생한 것이라고 확신한다. 죽은 사람에 대한 슬픔을 건너 뛴 많은 사람들은 1년 후에 그들의 목을 짓누르는 슬픔 덩어리를 자기 안에서 느낀다. 그는 자주 천식을, 가끔을 우울증을 호소한다. 많은 심리적인 병과 고통은 그 원인이 영성의 뿌리가 잘려 나갔다는 데 있다. 부족함을 슬퍼하는 대신 사람들은 어렸을 때 경험했던 중요한 경험들로부터 자신을 떼어냄으로써 오히려 부족함을 키웠다.

슬퍼한다는 것은 우리가 부족함의 이면에 놓여있는 내적인 자원과 만날 수 있도록 해준다. 이런 자원들은 우리가 삶의 갈등과 상처를—그것들 때문에 파멸하지 않고, 그것들로 인해 더 강해짐으로써—제압하기 위해서 꼭 필요하다.

세 번째 삶의 자세(온유함, 부드러움, 비폭력)의 반대 개념은 자기 자신에 대한 가혹함이다. 이 가혹함은 다른 사람들을 가혹하게 심판할 때만 나타나는 것이 아니라, 자기 자신과 자기의 실수와 허약함에 대해 가혹하게 심판할 때에도 나타난다. 이 가혹함이 모든 근육을 긴장시켜 등이 판자처럼 딱딱해지도록 만든다. 사람들은 억압한 감정과 욕구들을 쓰레기더미처럼 등에 짊어진다. 이런 긴장 상태가 오래 지속되면 만성이 된다. 그럴 때 온유함은 치유 수단이 된다.

네 번째 삶의 자세인 정의는 자기의 본질에 올바르게 대하는 것을 의미한다. 자기 자신과 일치를 이루며 사는 사람, 즉 내적으로 조화로운 사람은 그렇게 쉽게 병에 감염되지 않는다. 물론 자기 자신 그리고 자기의 삶에 완전히 동의하는 데도 병에 걸리는 사람들이 있다. 그러나 여기서는 내적인 갈등이 신체적인 문제로 이어지는 경우가 많이 있다.

우리가 우리의 존재를 정중하게 대하지 않으면 우리는 제대로 듣지 못한다. 우리가 어떤 환상에 집작하는 바람에 우리 자신을 스쳐 지나치며 살게 된다면, 몸은 우리 자신과 우리의 삶에 맞지 않고 반응할 수 있다. 이것은 죄의 문제는 아니다. 다만 우리 자신과 더 잘 지내고 진정한 본질을 올바르게 대하고 조화롭게 살며 더 이상 자기 자신과 갈등을 빚지 말라는 경고다.

예수는 우리에게 정의에 굶주리고 목말라하라고, 올바르게 살라고, 우리와 우리의 본질에게 정의로우라고 한다. 그것은 건강한 삶을 살라는 외침이기도 하다.

다섯 번째 삶의 자세인 자비의 반대는 무자비함이다. 이것은 우리가 이미 온유함과 부드러움의 참 행복에서 생각해보았던 가혹함과 같다.

하지만 무자비함에는 자신에게 가하는 무자비한 심판과 동정심이 결여된 심판이 있다. 자기의 이상상과 일치하지 않는 자기 안의 모든 것을 무자비하게 단죄해버리는 사람은 자기 자신을 허약하게 만들고, 자기치유의 힘, 영혼의 면역자원과 헤어진다. 감각이 없는 사람은 그의 영혼과 단절하게 된다. 그의 영혼은 더 이상 그에게 양분을 공급할 수 없다. 그의 영혼은 더 이상 그의 몸을 통과할 수가 없다.

자기 자신의 허약하고 병든 것을 무자비하게 무시해버리는 사람의 내면에서는, 그것들이 계속 파괴적으로 작용한다. 영혼의 눈이 자기 안의 상처받고 곤궁한 것을 보려고 하지 않으면, 몸이 내적인 질병과 만나야 하는 과제를 떠맡는 경우가 종종 발생한다. 우리가 우리의 몸뿐만 아니라, 우리의 영혼과도 자비롭게 지내도록 하기 위해서 우리의 몸은 병이 든다.

자신의 영혼뿐 아니라, 자신의 몸에 대해서도 잔인하게 반응하는 사람들이 많다. 그들은 몸이 그들에게 보낸 자극에 귀 기울이지 않는다. 그들은 몸에 폭력을 가해서 강제로 작동하도록 만든다. 몸이 병에 걸리면 글들은 아픈 몸이 기능하도록 강한 약으로 채찍을 가한다. 그러나 언젠가는 이러한 혹사가 복수를 할 것이다. 이러한 사람이 완전히 쓰러져버리는 경우들이 종종 있다. 그의 순환 구조가 마침내 태업을 감행해서 그가 자기 자신을 자비롭게 돌봐야 한다는 통찰을 하도록 하는 것이다.

여섯 번째 삶의 자세에서 예수는 직접 맑은 눈에 대해 이야기함으로써, 깨끗함과 건강 사이의 내적인 관계를 말한다. 맑음을 건강으로 번역하는 데는 거의가 일치한다.

"네 눈이 맑을 때에는 온몸도 환하고, 성하지 못할 때에는 몸도 어둡다." (눅 11:34)

감정의 정화는 몸에도 긍정적으로 작용한다. 반대로 신체적인 정화를 위한 요양도 영혼에 유익하다. 금식은 옛날부터 선호된 정화 요양으로 몸의 찌꺼기를 다 쓸어낸다. 몸을 정화시키는 다른 방법들도 있다. 즉 계피차를 마시거나 다이어트를 하는 것이다. 고대에도 의사들은 맛있는 음식을 너무 많이 먹으면 몸이 망가진다고 경고했다.

몸은 종종 우리에게 속이 맑지 않다는 것을 보여준다. 사춘기 때 나는 여드름은 다른 여러 가지 원인이 있겠지만, 청소년들이 많은 것을 자기 안에서 소화해내지 못했다는 것을 나타내는 것이기도 하다. 영혼이 받아들이는 것은 피부에도 나타난다. 한 나병환자가 예수에게 다가가 치료를 부탁했을 때 예수가 그에게 대답한다.

"내가 하고자 하니 깨끗하게 되어라!"(마 8:3)

예수는 이 나병한자를 있는 그대로 받아들인다. 이제 그의 과제는 그가 자기 자신을 받아들이는 것이다. 그가 자기 자신에게 "나는 있는 그대로의 내가 될 수 있다"고 말하면, 그의 안에 있는 모든 것이 깨끗해진다. 그러면 그는 치료가 된 것 이다. 그래서 마음이 깨끗한 사람이 행복하다는 구절 역시 건강으로 가는 길이다.

일곱 번째 삶의 자세인 평화의 반대되는 자세는 기의 조화가 깨졌을 때 나타나는 건강의 적신호를 뜻한다. 고대의 의사들에게 건강을 언제나 기의 조화를 의미했다. 이런 조화는 우리의 정신이 우리 자신과 평화롭게 살 때에만 가능하다.

신체와 정신은 서로에게 속한다. 화해하지 않는 삶을 사는 사람은 몸에서도 그것을 느끼게 된다. 많은 사람들은 용서할 수 없어서 아프고 자기들에게 상처를 주었던 것들에 얽매여있다. 용서는 결국 치유적인 행위이다. 나는 용서를 함으로써 상처로 인해 아직도 내 안에 있는 부정적인 에너지로부터 해방된다.

많은 사람들은 자기는 용서를 했지만, 상대가 분쟁을 끝낼 준비를 하지 않았다나는 것 때문에 괴로워한다. 나는 상속분쟁으로 형제들이 갈라지고 오랜 세월 화해하지 않거나 서로를 적대시하고 모든 관계를 단절해버리는 것을 가끔 경험한다. 한 형제나 자매가 그런 상태가 괴로워 화해를 하고 싶어 하지만, 다른 형제들이 그럴 준비가 되어있지 않다. 그러면 나는 나를 위해 그 분쟁을 덮어버려야 한다. 그리고 내적으로 화해하도록 노력해야 한다.

다른 사람이 나와 관계를 갖지 않으려 해도, 나는 더 이상 그에게 원한을 품어서는 안 된다. 누군가가 그렇게 스스로를 폐쇄한다는 것이 나를 슬프게 할 뿐이다. 우리가 계속해서 건강하게 살기 위해서는 이런 화해가 필수적이다.

마지막 삶의 자세를 이해하려면 마라톤 선수 예화를 알아야 한다. 한 마라톤 선수는 다른 선수들에 의해 추격(박해) 당한다. 그들은 그가 승리의 월계관을 쓰려면 더 빨리 달려야 한다고 몰아 부친다. 박해자와 함께 달리는 것의 반대는 "도주"다. 도망을 가면 나는 결코 목적지에 도달하지 못한다. 내가 나의 고유한 현실로부터 도망을 친다면, 나는 결코 나 자신에게 이르는 길을 발견하지 못하게 된다. 많은 사람들은 자기 자신의 그림자로부터 도망친다.

우울증의 경우이다. 우울증으로부터 도망친다면, 우울증은 틀림없이 나를 뒤따라와서 추월하게 될 것이다. 그런 다음 우울증은 나를 꼭 붙들어둘 것이다. 건강으로 가는 길은 우울증으로부터 박해를 받는 것이고, 우울증과 함께 마라톤을 하는 것이다. 그러고 나면 우울증은, 내가 나의 한계를 극복했다는 것을 알게 해준다. 우울증은 나를 초대하며 휴식을 취하도록 하고, 내가 나의 완벽주의로부터 벗어날 수 있도록 해준다. 사례이다.

"지금까지 삶을 잘 조절해왔던 어떤 부인이 쉰 살이 되어 우울증에 빠지게 되었다. 그녀는 우울증에 대해 화를 내며 받아들이려고 하지 않았다. 그러나 우울증과 대화를 나누어본 그녀는 자기가 아들들에게 항상 완벽한 어머니가 되려고 했다는 것을 인식했다. 우울증은 그녀를 초대하여 이 망상에서 벗어나도록 해주었다."

올바르게 살 길 원하는 사람들, 자신의 본질을 올바르게 대하고 싶은 사람들이 있다. 그들이 자신의 그림자 부분들로부터, 자신이 억압했던 것들로부터 박해를 받는다. 그들이 마라톤(박해)을 받아들인다면, 그림자 부분들이 그들을 삶으로 인도할 것이다. 그림자 부분들에는 이미, 우리가 지금까지 사용하지 않았던 삶의 가능성들이 준비되어 있다. 그림자 부분들을 포용하는 것은 자아 완성의 길로 가는 그리고 결국 건강해지는 길로 가는 결정적인 과제이다.

예수는 우리에게 행복한 삶으로 가는 현실적인 길을 보여준다. 이때 예수는 이 세상의 어두운 것과 부정적인 것을 배제하지 않는다. 예수는 오늘날 많은 사람들이 안고 있는 아픔, 절망 그리고 우울증도 그냥 지나치지 않는다. 또한 예수는 우리에게 삶의 어둠과 골짜기 밑바닥을 통해서 성공하는 삶으로 갈 수 있는 길을 보여준다. 예수의 말씀들은 경직이 아니라, 우리의 길에 놓인 온갖 장애물에도 불구하고 즐거움으로, 삶의 길로 앞서가도록 인도한다.

예수가 우리에게 약속한 것은 값싼 행복이 아니다. 예수는 우리에게 모든 행복의 깊은 곳을 암시했다. 인간의 삶은, 하느님이 인간 내부에 자리를 얻을 때만 이루어진다. 인간은 하느님이 인간 안에서 지배할 때 비로소 자유로워진다. 인간은 하나님을 위해 자신을 열 때 자기 자신에게로 갈 수 있다.

행복은 소유되거나 붙들어지는 것이 아니다. 그러나 우리가 참 행복의 자세를 우리 안에서 실현하면, 우리는 영적인 경험을 통해서 우리에게로 온 행복을 배워 익힐 수 있다. 우리는 행복을 가공할 수 있다. 시편 기자의 고백이다.

"내가 여호와께 아뢰되 주는 나의 주님이시오니 주 밖에는 나의 복이 없다 하였나이다.
땅에 있는 성도들은 존귀한 자들이니 나의 모든 즐거움이 그들에게 있도다.
다른 신에게 예물을 드리는 자는 괴로움이 더할 것이라 나는 그들이 드리는 피의 전제를 드리지 아니하며 내 입술로 그 이름도 부르지 아니하리로다.
여호와는 나의 산업과 나의 잔의 소득이시니 나의 분깃을 지키시나이다
내게 줄로 재어 준 구역은 아름다운 곳에 있음이여 나의 기업이 실로 아름답도다.
나를 훈계하신 여호와를 송축할지라 밤마다 내 양심이 나를 교훈하도다
내가 여호와를 항상 내 앞에 모심이여 그가 나의 오른쪽에 계시므로 내가 흔들리지 아니하리로다.

이러므로 나의 마음이 기쁘고 나의 영도 즐거워하며 내 육체도 안전히 살리니.
이는 주께서 내 영혼을 스올에 버리지 아니하시며 주의 거룩한 자를 멸망시키지 않으실 것임이니이다.
주께서 생명의 길을 내게 보이시리니 주의 앞에는 충만한 기쁨이 있고 주의 오른쪽에는 영원한 즐거움이 있나이다."(시 16: 2~11)

4) 절대가치와 행복

나는 지금 행복한가? 난 언제 마지막으로 행복을 느꼈던가? 행복이란 과연 무엇일까? 최근에 행복한 사람을 본 적이 있는가? 대부분의 사람은 이 모든 질문에 선뜻 대답할 수가 없다.

내 삶에서 행복했던 때는 언제였을까? 어린 시절부터 지금까지 산 세월이 상당하니까, 틀림없이 아주 많았을 텐데, 언제 무슨 일로 행복했었는지 언뜻 떠오르지 않는다. 그것은 아마도 행복이 마약과 같은 것이어서 처음에는 아주 작은 "양"으로도 행복을 느끼지만, 시간이 흐르면서 웬만한 양으로는 느낌도 없고, 점점 더 많은 양이 필요하기 때문인 것 같다.

그래서 우리는 결국 행복이 무엇인지 그 느낌이 어떤 것인지도 모르는 무감각한 사람이 되고 말았다. 왜 이렇게 되었을까? 그것은 내가 행복을 절대가치가 아닌 상대적 가치로 느끼고 인식했기 때문이다. 내가 나를 다른 누구와도 비교할 수 없는 "고유한 나 자신"으로 인식하고, 다른 누구의 삶과도 비교하지 않는 "내 삶"을 살면서, 나에게 다정하게 대하고, 나의 상처나 그림자 부분까지도 감싸고, 무조건 내 편이 되어, 내 안의 보물을 찾아낸다면, 그때 비로소 나는 "절대적인" 행복을 느낄 수 있을 것이다. 그것은 내가 나를 평가하지 않고, 나의 행복을 남의 것과 비교하지 않을 때 가능하다.

우리가 행복할 수 없는 것도 항상 상대적 박탈감 때문이 아닌가. 내가 아무리 많은 재산이 있어도, 내 자식들이 아무리 좋은 대학에 들어갔어도, 내 월급이 아무리 많아도, 나보다 한 수 위에 있는 사람은 꼭 있다. 사법고시에 수석을 한 재원이 있는데, 그 친구는 사법연수원에서도 일등을 해야 된다는 강박관념 때문에 시험 때마다 엄청난 스트레스를 받으며 자기 자신을 괴롭힌다. 이렇듯 비교우위는 사람을 정신적으로 병들게 한다. 그러나 경쟁사회에서 살고 있는 한, 우리는 비교의 그물에서 벗어나기 어렵다. 오직 우리가 마음을 비울 때 즉 가난한 마음을 지닐 때만 가능할 것이다.

마음이 가난한 사람이 온유하고, 자비롭고, 깨끗하고, 정의롭기까지 하다면, 그 사람의 삶은 분명히 성공한 것이다. 우리가 발견하지 못했을 뿐, 이러한 자세들이 우리 안에 이미 있다. 단, 우리는 밖으로만 향해 있는 눈을 우리 안으로 돌려 우리 안에 있는 잠재력을 보도록 해야 한다. 산상수훈이 우리에게 주는 메시지이다.

1. 깨어나는 아침 행복이 시작된다.

- 깨어나라, 새로운 행복이 당신을 기다린다.
- 목표를 가져라, 그것이 당신이 존재하는 이유이다.
- 시간의 리듬을 느껴라, 삶은 시간 속에서 완선된다.
- 기뻐하라, 살아 있음을 느낄 것이다.
- 내면을 들여다보라, 살아갈 힘이 내 안에 있다.
- 사람들을 받아들여라, 그들이 곧 나의 일부이다.

2. 오후의 대화 행복으로 가는 길목에서

- 지금을 살아라, 매 순간이 당신의 것이다.
- 존재하라, 강렬하게 좀더 강렬하게.
- 사랑하라, 변할 수 있는 용기를 얻게 된다.
- 우정을 간직하라, 친구는 또 다른 나이다.
- 쉬어가라, 행복이란 소유하지 않는 것이다.
- 인내하라, 고통 속에서도 행복을 예감할 수 있다.
- 용기를 내라, 낯선 것을 받아들일 때 자유로워진다.
- 멈추어라, 그리워하는 것은 이미 당신 안에 있다.
- 기준을 가져라, 누구에게나 한계는 있다.

3. 밤의 축복 내일도 축복된 하루이기를

- 침묵하라, 고요하면 아름답다.
- 감사하라, 지금 누리는 모든 것이 선물이다.
- 희망을 가져라, 내일을 보며 살게 된다.
- 조화를 이루어라, 내가 없는 세상은 가난하다.
- 여유를 가져라. 얽매이지 않으면 평화로워진다.
- 꿈을 꾸라, 잠은 내일로 가는 동반자이다.

[아일랜드 민요]

일하기 위해 시간을 내라. 성공의 대가이다.

생각하기 위해 시간을 내라. 능력의 근원이다.

운동하기 위해 시간을 내라. 젊음을 유지하는 비결이다.

독서를 위해 시간을 내라. 지혜의 원천이다.

친절하기 위해 시간을 내라. 행복으로 가는 길이다.

꿈을 꾸기 위해 시간을 내라. 뜻을 품는 것이다.

사랑을 위해 시간을 내라. 구원 받는 자의 특권이다.

주의를 살피는 데 시간을 내라. 이기적으로 살기에 짧은 하루다.

웃기 위해 시간을 내라. 영혼의 음악이다.

참 행복은
우리의 평범한 일상에 있다.

"그들은 창문으로 사랑스러운 신과 조우한다."

체코의 이 속담은 현재에 만족하며 주어진 시간을 향유하고 여유를 즐기는 모습을 나타내고 있다. 이런 사람들은 일상이 지루해서 창밖을 내다보는 것이 아니라 신을 가까이에서 느끼며 명상을 즐기는 여유가 있다는 뜻이다.

나에게 이 표현은 행복을 가장 아름답게 묘사한 것으로 보인다. '여유'와 '순간'을 강렬하게 체험하는 것. 그리고 최상의 축복. 이런 것들은 항상 잘 어울린다.

그런가 하면. 경험에 굶주린 상태, 내적인 불안, 쉴 틈도 없이 자신의 욕구를 채우지 못해 안절부절못하는 모습은 서로 일맥상통한다. 그런데 이렇듯 분주한 모습은 흔히 자신의 행복만을 찾는 사람들에게서 볼 수 있다.

행복은 모든 사람이 추구한다. 성공적인 삶을 살아야하고, 행복해야 한다고 생각한다.

오늘날에는 구루(Guru)라고 불리는 인생의 스승들도 많고, 한편에서는 쉽고도 신속하게 행복을 찾게 해주겠다며 거짓 약속을 하는 자칭 행복 예언가들도 많다. 행복에 대한 관심과 동경이 그만큼 널리 퍼져 있는 것이다.

하지만 행복으로 가는 길은 지름길도 없으며, 일상의 현실을 슬쩍 비켜가지도 않는다. 오히려 행복은 우리의 평범한 일상 속을 통과해 간다.

게다가 우리는 추구하는 목표를 위해 대단한 비용을 들일 필요도 없다. 우리는 다만 이 순간-지금 그리고 여기에서-우리주변의 작은 일들을 볼 수 있는 눈을 뜨면 되는 것이다. 새들이 앉아 있는 나무, 먼 바다, 폭풍을 볼 수 있는 눈이 있으면 된다. 삼라만상의 아름다움을 인지하고, 자신이 살고 있는 세상이 얼마나 풍요로운지를 느끼는 사람은 행복하다. 그것은 일종의 선물이다.

눈을 뜨면 우리는 날마다 신의 선물을 인지하게 된다. 친절한 사람을 만나거나, 꽃의 아름다움을 보게 되거나, 태양이 우리를 따뜻하게 감싸줄 때이다. 그리고 우리의 마음을 채워주는 사랑을 경험할 경우이다.

이렇듯 행복으로 가는 길은 힘들지도 않고 멀지도 않다. 신이 매일 우리에게 주는 것이 무엇인지를 알기만 하면 된다. 매일은 그야말로 행복으로 나아갈 수 있는 길인 것이다.

행복이 우리 발 앞에 있다. 우리가 매일 덜어가는 길가에서 행복은 자라난다. 그러니 우리는 그것을 꺾으면 되는 것이다. 하지만 그냥 지나쳐버리는 사람은 어디에서도 행복을 찾지 못한다. 행복을 예언하는 자들이 초대하는 장소에 갈지라도 말이다.

행복 – 철학자들은 그렇게 말한다-이란 충만하고 의미 있는 삶이다. 만일 내가 모든 감각을 한껏 동원하여 살아가고, 순간에 충실하며, 자신과 조화를 이루고, 주어진 삶에 감사를 하면 행복하게 된다.

보는 자세가 달라지면 이렇듯 매일 행복해질 수 있다. 사랑스럽고 부드러운 눈길로 자신을 바라봐야 하며, 나 자신을 긍정해야 할 것이다. 내가 가진 한계와 약점도 인정해야 한다. 그러면 나는 자신과의 조화를 이루게 되고 행복해질 수 있는 것이다.

그러나 행복은 삶과 마찬가지로 붙잡아둘 수 없다. 내 길은 매일 내가 부딪히는 것들을 통과하게 될 것이고, 상처, 오해, 갈등을 지나가야 할 것이다. 행복은 결코 신성한 세계에 산다는 뜻이 아니다. 그것은 어둡고 암울한 것의 반대편에 있는 것이 아니다. 기쁨과 고통은 모두 삶에 속한다. 그리고 이 둘은 행복으로 인도하는 끈이 될 수 있다.

이토록 불완전한 세상에서도 자신의 인간성을 긍정하고, 마주치게 되는 것들을 부정하지 않는다면, 행복은 비로소 모습을 드러낸다. 불운과 고통 속에서도 신의 손을 잡고 있다는 것을 아는 사람이 행복하다. 그렇다. 살면서 우리가 만나는 모든 것을 통해 신을 보고 자신의 영혼 깊숙한 곳을 볼 수 있는 자는 행복하다.

영혼의 깊숙한 바닥에 행복이 살고 있다. 그곳에 바로 신이 머물고 있으며, 우리는 여기에서 자신과 조화를 이룰 수 있다. 그러면 우리는 진정으로 행복해진다.

제 2 부
행복 찾기

제 6장 성격적 강점

1) 성격적 강점의 의미

인간은 각자 다른 성품과 강점을 가지고 있다. 고대 그리스의 철학자 소크라테스부터 고대, 근대, 현대까지 학자마다 행복에 대한 견해가 같은 부분도 있고 다른 부분도 있다. 행복심리학(긍정심리학)에서는 두 번째의 연구주제로 개인이 지니고 있는 긍정적인 성격특성과 강점연구에 초점을 맞추고 있다. 이를 위해 피터슨(Peterson)과 셀리그먼(Seligman)이 긍정적 성격특성을 위해 성격적 강점과 덕성의 분류를 위해 많은 노력을 보였다.

긍정심리학의 창시자인 셀리그먼(Seligman)은 자신이 일상생활에서 많이 사용되고 있는 것을 대표 강점이라고 칭했으며, 누구나 2-5가지의 대표 강점을 가지고 있다고 주장했다. 자신이 가지고 있는 성격적 강점과 덕목을 잘 알고 있는 것이 행복한 삶의 필수적인 요건이다. 피터슨(Peteson)과 셀리그먼(Seligman, 2004)은 아래의 글을 읽고 그 특징을 잘 고려하면 자신의 대표 강점을 찾아낼 수 있다고 했다.

- 자신의 진정한 본연의 모습("이게 바로 나야")이라는 느낌을 준다.
- 그러한 강점을 발휘할 때(특히, 처음에 발휘할 때) 유쾌한 흥분감을 느끼게 된다.
- 그러한 강점과 관련된 일을 배우거나 연습할 때 빠른 학습속도가 나타난다.
- 그러한 강점을 발휘할 수 있는 새로운 방법을 지속적으로 찾게 된다.
- 그러한 강점과 일치되는 방향으로 행동하고 싶은 열망을 느낀다.
- 그러한 강점을 사용할 수밖에 없다는 느낌, 즉 그러한 강점의 표현을 멈추거나 억제할 수 없는 듯한 느낌을 느낀다.
- 그러한 강점과 숨겨져 있던 자신의 능력이 드디어 발현되어 나타나는 것처럼 여겨진다.
- 그러한 강점을 활용할 때는 소진감보다 의욕과 활기가 넘치게 된다.
- 그러한 강점과 관련된 중요한 일들을 만들어내고 추구하게 된다.
- 그러한 강점을 사용하고자 하는 내재적 동기를 지닌다.

〈표〉 6가지 덕성과 24가지 강점

덕성	강점
지혜와 지식	창의성, 호기심, 개방성, 학구열, 지혜
자애	친절, 사랑, 사회적 기능
용기	감성, 끈기, 진실성, 활력
절제	용서, 겸손, 신중함, 자기조절
정의	시민정신, 공정성, 리더십
초월	감상력, 감사, 낙관성, 유머감각, 영성

2) 지혜와 지식과 관련된 강점들

지혜와 지식과 관련된 강점들은 더 나은 삶을 살기 위해 지식을 습득하고 활용하는 것으로 덕목의 5가지 강점은 창의성, 호기심, 개방성, 학구열, 지혜로 구성되어 있다.

(1) 창의성(creativity)

창의성(creativity)은 독창적이고 적응적인 생각과 행동을 만들어내는 개인적인 특성을 의미한다(권석만, 2008). 창의성은 일상적인 창의성과 위대한 창의성으로 구분되며, 일상적인 창의성은 가정이나 직장에서 부딪히는 일상적인 일들을 독창적으로 해결하는 것을 의미하고, 위대한 창의성은 뛰어난 과학자나 예술가들이 나타내는 독특한 창의성을 말한다.

일반적으로 창의성이 높은 사람은 천재나 지능이 높은 사람으로 생각한다. 연구결과에 따르면, 창의성이 높다고 해서 반드시 천재적인 높은 지능을 지닌 것은 아니다. 창의성은 성격적인 것과 밀접한 관계가 있다(Feist, 1998). 창의적인 사람들은 독립적이고, 비순응적이며, 비인습적일 뿐만 아니라 관심분야가 넓고 새로운 경험에 대한 개방성을 지니고 있다.

창의성은 환경의 영향을 많이 받으며, 지지적이고 개방적이며, 자유스러운 환경에서 촉진된다. 10년 법칙(10-year-rule)은 특정영역에서 10년동안 필요한 지식과 기술을 습득해야 창의적인 공헌을 할수 있다라는 것을 의미한다(Hayes, 1989). 이러한 전문적 기술을 습득하는 단계에서 좋은 스승이나 멘토의 역할이 창의성을 촉진시키는데 매우 중요하다.

최근에 창의성을 촉진시키는 방법 중 하나로 브레인 스토밍(brainstorming)을 활용하고 있다. 브레인 스토밍은 무비판적인 분위기에서 자유롭게 생각을 제시하고, 새로운 아이디어가 떠오를수 있도록 촉진적인 환경을 만들어 준다. 위대한 창의성을 지닌 대포적인 인물로는 미켈란젤로, 에디슨, 퀴리부인, 피카소, 빌게이츠 등이 있다.

(2) 호기심(curiosity)

호기심은 새로운 정보, 지식, 경험을 얻고자 하는 욕구로서 탐색적인 행동을 유발하는 심리적 성향을 의미한다. 호기심은 새로운 경험과 학습을 촉진하며 내재적인 만족과 성취를 이루게 하는 긍정적인 심리적 특성이다. 호기심은 학업이나 업무성과에 영향을 주는 요인이며, 호기심이 충족이 됐을 때 긍정적인 정서가 생긴다. 호기심을 증진시키는 방법으로 첫째, 현재 알고 있는 것과 모르는 것에 대한 자각을 높이고, 둘째 자율성과 유능감을 느끼는 경험을 많이 하도록 촉진하며, 셋째 개인적으로 중요한 의미를 느끼는 영역에서 멘토와 지지적인 관계를 맺는 것이 필요하다. 대표적 인물로는 콜럼버스, 마젤란, 에드먼드 힐러리와 같은 사람들이 있다.

(3) 개방성(open-mindedness)

사물이나 자신이 가지고 있는 생각이나 가치, 편견 등과 반대되는 것에 대해 적극적으로 탐색하고 수용하는 열린 마음을 말한다. 즉 모든 측면에서 고려해 보는 것을 개방성이라고 한다. 개방성은 나이가 많아지고 교육을 많이 받을수록 증가한다.

(4) 학구열(love of learning)

학구열은 새로운 지식이나 기술을 배우는 것을 좋아하며, 그러한 지식을 숙달하면서 긍정적인 정서를 경험하는 것을 의미한다. 학구열을 증진시키기 위해서는 특정한 영역에 대한 긍정적인 관심, 그 영역에 대한 지식, 과제를 해낼 수 있다는 믿음, 과제에 대한 호기심, 과제수행을 위해 필요한 강점을 찾아내는 것이다.

(5) 지혜(wisdom)

지혜는 박학다식함, 올바르게 판단하는 능력이며, 다른 사람에게 현명한 조언을 제공해주는 능력을 뜻한다. 심리학자들은 지혜를 지능과는 다른 것이고, 뛰어난 수준의 지식과 판단 및 조언능력을 의미하고, 인생의 의미는 무엇이고 어떻게 살아야가야 하는지에 대한 질문에 현명한 질문을 하고 자신이나 다른 사람의 행복을 위해 활용될 수 있는 덕목이다.

3) 자애와 관련된 강점들

자애와 관련된 강점들은 다른 사람을 보살피고 친밀해지는 것과 관련된 강점이다. 자애의 덕목 3가지 강점은 사랑, 친절성, 사회지능으로 구성되어 있다.

(1) 사랑(Love)

다른 사람과의 친밀한 관계를 소중하게 여기고 실천하는 것을 뜻한다. 즉, 다른 사람을 사랑할 수 있고 다른 사람으로부터 사랑을 받아들일 수 있는 능력을 말한다.

사랑에는 부모에 대한 아이의 사랑과 아이에 대한 부모의 사랑, 연인과의 낭만적인 사랑으로 나눌 수 있다(권석만, 2008).

(2) 친절성(kindness)

다른 사람을 위해서 호의를 보이고 선한 행동을 하려는 동기와 실천력으로서 다른 사람을 돕고 보살피는 행동을 포함한다. 친절성은 이타적 사랑, 관대성, 양육, 보살핌, 연미등과 밀접하게 관련이 있으며 이기주의와는 상반되는 개념이다.

(3) 사회지능(Social Intelligence)

자신과 다른 사람의 동기와 감정을 잘 파악할 뿐만 아니라 다양한 사회적 상황에서 어떻게 행동하는 것이 적저한지를 잘 아는 능력을 의미한다. 사회지능은 자신과 다른 사람의 감정상태를 잘 파악하고 적절하게 정서적 표현을 할 수 있는 능력을 의미한다. 사회지능은 나이와 경험의 축척이 따라 성숙하는 것으로 알려졌다(권석만, 2008).

4) 용기와 관련된 강점들

용기는 저항과 역경에 직면했을 때 두려움을 극복하는 정서적 강점이다. 용기의 덕목은 용감성, 끈기, 진실성, 활력으로 구성되어 있다.

(1) 용감성(bravery)

위협, 도전, 난관, 고통으로부터 위축되지 않고 이를 극복하는 능력을 의미하며 저항이 있더라도 무엇이 옳은지 이야기 하고 인기가 없을지라도 신념에 따라 행동하는 것을 의미한다.

용감성은 육체적 용감성, 도덕적 용감성, 심리적 용감성으로 구성되어 있다.

(2) 끈기(persistence)

끈기는 여러 가지 난관과 좌절에도 불구하고 목표를 향해서 자발적인 행동을 지속적으로 하는 것이다. 시작한 일을 마무리하여 완성하는 능력을 말하며, 난관에도 불구하고 일련의 계획된 행동을 지속하거나 과업을 성취하는 과정에서 기쁨을 느끼는 것을 포함한다.

만족지연은 미래의 보상을 위해서 즉각적인 충동을 억제하는 것으로 인내와 밀접한 관계가 있다.

(3) 진실성(authenticity)

진실성은 자신의 내면적 상태, 의도, 행위를 사적으로든 공적으로든 정확하게 드러냄으로써 자신에게 솔직해지려고 노력하는 것을 의미한다. 진실을 말하고 자신을 진실한 방식으로 제시하는 능력으로 자신을 거짓없이 드러내고 행동이나 감정을 수용하고 책임지는 것을 포함한다.

대표적인 인물로는 에브라임 링컨, 토머스 제퍼슨, 벤자민 프랭클린, 알베르트 아인슈타인, 알베르트 슈바이처가 있다.

(4) 활력(viality)

활력은 활기차고 적극적으로 살아가는 동시에 생동감과 행동력을 지니고 삶과 일을 대하는 태도를 의미한다. 활기와 에너지를 가지고 열정적으로 삶과 일에 임하는 태도를 의미하며, 생기와 생동감을 느끼고, 삶을 도전적으로 사는 것을 포함한다.

Haidt(2002) 가 활력을 증진할 수 있는 몇가지 방법을 제시한다.

- 의무적으로 해야 하는 것은 하지 말고 자신이 원하는 것을 하라.
- 잠을 잘자고 아침을 든든하게 먹어라.
- 아침에 신체적인 활동을 하라.
- 당신이 속한 조직에 더 애착을 가지도록 하라.
- 열정을 되살려라. 당신이 진정으로 원하는 것이 무엇인지 찾아라

5) 절제와 관련된 강점들

절제는 더 나은 삶을 위해서 자신의 감정을 잘 관리하고 다른 사람과의 관계를 개선하는 것을 말한다. 조화와 균형을 중시하는 문제에서 소중한 덕목으로 여긴다. 절제와 관련된 강점은 용서, 겸손, 신중성, 자기조절이 포함된다.

(1) 용서(forgiveness)

용서는 공격이나 상처를 받은 피해자가 가해자에게 나타나는 긍정적인 심리적 변화를 말한다. 나쁜 일을 한 사람들을 용서하는 능력으로서 잘못을 행한 자를 용서하고, 사람들에게 다시 기회를 주며, 앙심을 품지 않는 것을 포함한다. 어떤 보상이나 위협에 의해서가 아니라 지나간 일을 과거지사로 여기고 자발적으로 용서를 하는 자비로움은 중요한 성격적 강점이다.

(2) 겸손(Humility or modesty)

자신이 이루어낸 성취에 대해서 불필요하게 과장된 허세를 부리지 않는 태도로서 자신의 성취나 업적을 떠벌리지 않고, 세인의 주목을 구하지 않으며, 스스로를 특권적인 존재로 생각하지 않는 것을 포함한다.

(3) 신중성(Prudence)

선택을 조심스럽게 함으로써 불필요한 위험을 초래하지 않으며 나중에 후회할 일을 말하거나 행하지 않는 능력을 말한다. 신중성은 언행을 사려 깊고 조심스럽게 할 뿐만 아니라 자신이 추구하는 장기적 목표가 효과적으로 성취되도록 체계적으로 접근하는 태도를 말한다.

(4) 자기조절(Self- regulation)

자기조절은 지향하는 목표나 기준에 도달하기 위해서 자신의 생각, 감정, 충동, 행동을 조절하고 통제할 수 있는 능력을 말한다. 자기조절은 도덕적 행위뿐만 아니라 현실적인 목표달성에도 도움이 되는 성격적 강점으로서 자기통제 또는 자기규율과 유사한 강점이다.

6) 정의와 관련된 강점들

정의는 공동체 구성원의 평등성과 공평성을 실현하는데 필요한 덕목이다. 구성원 모두가 만족하면서 효과적으로 기능하는 건강한 공동체 생활에 필요한 덕목이다.

(1) 시민정신(Citizenship)

자신이 속한 집단의 이익을 추구하고자 하는 책임의식으로서 사회나 조직 속에서 자신에게 주어진 임무와 역할을 인식하고 부응하려는 태도를 뜻한다. 한 집단의 구성원으로서 자신에게 주어진 역할과 임무를 충실하게 수행하면서 집단에 대한 충성과 헌신을 나타내려는 자세를 말한다.

(2) 공정성(Fairness)

모든 사람을 편향된 개인적 감정의 개입 없이 동등하게 대하는 태도를 의미한다. 사적인 감정이나 편견으로 인한 치우침 없이 모든 사람에게 공평한 기회를 주고 같은 규칙에 따라 대하는 태도를 뜻한다.

(3) 리더십(Leadership)

집단활동을 조직화하고 그러한 활동이 진행되는 것을 파악하여 관리하는 능력으로서 구성원을 관계를 창출해내고 사기를 진작시켜 각자의 일을 해내도록 지휘하는 것을 포함한다. 자신이 속해 있는 집단의 구성원을 격려하여 각자의 임무를 완성하게 하는 동시에 구성원 간의 조화로운 관계를 육성하고 집단적 활동을 조직화하는 능력을 포함한다.

7) 초월과 관련된 강점들

(1) 감상력(appreciation of beauty and excellence)

다양한 삶의 영역에서 나타나는 아름다움, 수월성, 뛰어난 수행을 인식하고 평가하는 능력을 의미한다. 아름다움과 탁월함에 대한 인식능력을 말하며 그러한 것들로부터 즐거움을 느낄수 있는 심미적 능력을 말한다.

(2) 감사(Gratitude)

좋은 일을 잘 알아차리고 그에 대해 감사하는 태도를 뜻한다. 자신에게 베풀어진 다른 사람의 수고와 배려를 인식하고 고마움을 느끼는 능력을 의미한다. 감사함의 느낌을 선물로 받았다는 것에 대한 반응으로 느끼는 고마움과 기쁨으로서 다른 사람의 행위로 인해 이익을 얻었다는 인식에서 생겨난다.

(3) 낙관성(Optimism)

최선을 예상하고 그것을 성취하기 위해 노력하는 태도를 의미한다. 소망하는 일들이 미래에 실현될것으로 기대하는 희망적인 태도로 긍정정서와 활기찬 행동을 통해서 목표지향적 행동을 촉진한다.

(4) 유머감각(Humor)

웃고 장난치는 것을 좋아하며, 다른 사람에게 웃음을 선사하는 능력을 말한다. 인생의 역설적인 측면을 예리하게 포착하여 즐기면서 다른 사람들을 웃게 만드는 능력을 의미한다. 유머감각은 유희적인 삶의 태도 또는 장난기와도 밀접한 관련성을 맺고 있으며, 인생의 고통스럽고 모순적인 측면에 대해서 유쾌한 초월적 태도로 임하게 한다.

(5) 영성(Spirituality)

인생의 궁극적 목적과 의미에 대한 일관성 있는 신념을 가지고 살아가는 태도, 즉 인생의 초월적 측면에 대한 관심과 믿음, 수행노력을 의미한다. 궁극적인, 절대적인, 영원한, 성스러운 것을 추구하는 태도로 인생의 의미, 목적의식을 느끼고 충만한 삶을 살아가는데 기여한다.

* 성격강점 검사

① www.viame.org/survey/account/register 로 접속해주세요.

② 검사 실시 언어를 한국어로 선택한 후, 이름, 성, 이메일, 아이디, 비밀번호, 비밀번호 확인란을 기입하고 등록(register) 버튼을 누르세요.

③ begin the survey 버튼을 눌러서 검사를 시작하세요.

④ 답을 할때에는 바람직한 것을 선택하는 것이 아니라 자신과 가장 비슷하다고 생각되는 것을 선택하셔야 합니다(문항수는 120문항)

⑤ 검사 문항을 빠뜨리지 않고 응답해야 다음 검사문항으로 넘어가니 유의하시기 바랍니다.

⑥ 모든 문항에 응답하면 나타나는 창에서 국가를 Korea로 선택해야 합니다. 다른 칸들은 빈칸으로 두어도 됩니다. complete survey를 클릭합니다.

⑦ 검사 결과 페이지에 자신의 성격강점이 1순위에서 5순위까지 소개됩니다. 또 하단의 show all results 버튼을 클릭하면 나머지 성격강점도 순위별로 나타납니다.

- 긍정집단상담 워크북. 청주심리상담교육센터-

대표강점 가계도

: 우리 가족들의 대표 강점은 무엇일까 생각해 보며 그려 봅시다.

핵심덕목	강점	순위
지혜 및 지식	창의성	
	호기심	
	개방성(판단력)	
	학구열	
	지혜(통찰)	
자애	사랑	
	친절성	
	사회지능(사회성)	
용기	용감성	
	끈기(인내)	
	진실성	
	활력(열정)	
절제	용서	
	겸손	
	신중성	
	자기조절	
정의	시민정신	
	공정성	
	리더십	
초월	감상력(심미안)	
	감사	
	낙관성(희망)	
	유머감각	
	영성	

나의 대학생활에서 강점활용하기

학업관리		진로준비	
강점	활용내용	강점	활용내용

대인관계		취미나 여가활동	
강점	활용내용	강점	활용내용

제 7장 긍정적 정서와 사고

1) 긍정적 정서

주관적인 심리상태로서의 행복에 있어서 가장 중요한 요소는 긍정적인 정서체험이다.

인간은 사회적 동물이며 생존을 위해서는 다른 사람의 보호와 지지를 필요로 한다. 현재의 긍정정서가 인간의 진화, 적응, 생존에 절대적으로 필요한 것이라는 의견이 지배적이다.

우리는 매우 불안한 긴장 상황에서 친구의 재치 있는 유머 한 마디에 웃음을 터뜨리면서 불안이 현저하게 감소되는 것으로 밝혀지고 있다. 긍정정서는 부정정서의 생리적 효과를 원상태로 회복시키는 기능을 한다(Fredrickson & Levenson, 1998; Tugade & Fredrickson, 2004).

프레드릭슨(Fredrickson)은 긍정정서가 부정정서의 유해한 영향에 대해서 해독제 역할을 한다는 원상복구가설(undoing hypothesis)을 제시했다. 긍정정서는 부정정서나 스트레스의 신체적, 심리적 후유증으로부터 안정된 평정상태로의 회복을 돕는다는 것이다. 웃음은 위험상황에서 겪게 되는 공포 경험에 수반되는 생리적인 잔존효과를 씻어내는데 도움이 된다. 또한 웃음은 공포로 인해 축소된 주의 폭을 다시 확대하고 사고의 유연성을 회복하는 데에도 도움이 되는 것으로 알려져 있다.

긍정정서 상태에서는 긍정적인 과거 기억의 회상을 촉진하는 반면, 부정적인 기억의 회상을 억제한다. 정서는 우리가 환경에 얼마나 잘 대처하고 있는지를 알려주는 지속적인 감찰 시스템을 제공한다. 우울, 불안, 분노와 같은 부정정서는 현재의 대처방식이 환경 적응에 부적절하므로 무언가 변화의 노력을 기울이라는 메시지를 전달하는 반면, 기쁨이나 즐거움 같은 긍정정서는 현재의 대처방식이 적절하므로 더 강화하고 확대하라는 메시지를 전달하는 것이다. 이러한 정서의 메시지에 귀를 기울인다면 우리는 올바른 삶의 방향을 찾게 될지 모른다.

정서는 외부적 사건과 내면적 인지과정에 의해 변화될 수 있는 일시적인 심리상태이다. 우리는 일상생활 속에서 다양한 감정을 경험하며 하루에도 수많은 감정변화를 겪게 된다. 사람에 따라 부정정서를 자주 경험하기도 하고 긍정정서를 더 자주 경험하기도 한다. 낙관적인 태도로 여러 사람과 즐거운 경험을 나누며 활기와 열정을 지니고 긍정정서를 주로 경험하며 살아가는 사람들이 있는 반면, 비관적이고 소극적인 태도로 다른 사람과의 접촉을 두려워하며 부정적인 감정을 자주 느끼며 살아가는 사람들이 있다.

긍정정서성이 높은 사람은 사회적으로 활달하여 친구와 지인이 많고 사회단체에 가입하여 활동하는 경우가 많다(Watson, 2000).

2) 긍정적 정서의 적응적 기능

대부분의 기본정서는 타고나는 것이며, 이처럼 타고나는 것들은 대부분 적응에 필요한 진화적 기능을 지니고 있다. David Buss(2000)와 같은 현대 진화심리학자들은 긍정 정서가 환경에 대한 적응과정에 중요한 역할을 하며 종의 생존에 필요한 것이라고 주장한다. 인간은 사회적 동물이며 생존을 위해서는 다른 사람의 보호와 지지를 필요로 한다. 우리가 특정한 사람에 대해서 느끼는 애착, 돌봄, 사랑의 유대가 없이는 공동생활과 협동적 양육, 공동방어를 위한 조건을 갖추기 어려울 것이다. 현재는 긍정정서가 인간의 진화, 적응, 생존에 절대적으로 필요한 것이라는 의견이 지배적이다.

긍정정서의 빈도가 전반적인 행복감에 더 중요하다. 드물게 경험하는 환희 경험보다는 일상생활에서 일관성 있게 자주 경험되는 즐거움이 주관적 안녕에 더 중요하다. 매우 강렬한 행복감을 느끼는 사람은 부정적인 정서 경험 역시 매우 강력하게 느낀다. 일반적으로 여성은 남성보다 긍정 정서든 부정정서든 더 강력하게 경험한다. 젊은 이들은 노년층보다 정서를 더 강렬하게 경험하는 경향이 있는데 일반적으로 연장자들의 행복도가 더 높은 것으로 알려져 있다.

3) 긍정정서의 특징

① 긍정적 정서는 우리들의 사고-행동 레퍼토리를 확장시킨다.

정서유발 상황에 대해 우리들은 어떤 행동을 택해 반응한다. 부정적인 정서는 상황에 대처하는 우리들의 사고-행동 레퍼토리를 축소시키는 경향이 있다. 화가 나거나 두려우면, 우리들은 자기초점적이 되고 자신이 경험하는 정서에서 헤어나지 못하게 된다. 화가 나거나 두려우면 자유롭고 창의적인 생각을 하기가 힘들며, 긍정적 정서는 사람들의 사고를 폭 넓은 행동의 가능성을 촉진한다. 긍정적 정서에서 비롯되는 사고-행동 가능성의 확장은 중요한 삶의 문제를 해결하기 위한 지적 자원을 구축하는데 도움이 된다. 더 많은 대안을 고려할수록 보다 효과적인 해결책을 찾을 가능성이 높아지기 때문이다.

② 긍정적 정서는 부정적 정서를 상쇄시킨다.

긍정적 정서와 부정적 정서는 상반된 효과를 낳는다. 우리들의 생각이나 가능한 행동들은 부정적 정서에 의해 축소되고, 긍정적 정서에 의해 확장된다. 긍정정서는 부정 정서의 해독제 기능을 하는 것으로 밝혀지고 있다. 긍정정서는 부정정서의 생리적 효과를 원상태로 회복시키는 기능을 한다. 프레드릭슨(Fredricson)은 긍정정서가 부정정서의 유해한 영향에 대해서 해독제 역할을 한다는 원상복구 가설을 제시하였다. 긍정정서는 부정정서나 스트레스의 신체적, 심리적 후유증으로부터 안정된 평정상태로의 회복을 돕는다는 것이다.

긍정정서는 또한 이타주의 성향과 의사결정의 효율성을 높이고 창의력을 증진시키며, 공격성을 줄이는 경향이 있다. 인간관계의 질을 향상시키며 직업의 만족도 향상에도 도움이 된다. 특정한 기분을 느끼는 상태에서는 그 기분과 일치하는 기억들이 더 잘 회상되는 경향이 있는데 이러한 현상을 기분일치회상이라고 한다. 긍정적인 정서 상태에서는 긍정적인 과거 기억의 회상을 촉진하는 반면, 부정적인 기억의 회상을 억제한다.

③ 긍정적 정서는 탄력성을 고양시킨다.

탄력성이란 스트레스를 주는 사건으로부터 회복할 수 있는 능력, 평정을 찾고 웰빙의 느낌을 얻는 능력을 말한다. 긍정적 정서는 스트레스 경험으로 야기된 부정적인 정서를 상쇄시키는 효과를 통하여 우리들의 탄력성과 대처능력을 향상시킨다.

④ 긍정적 정서는 지속적인 자원을 구축하고 웰빙을 향상시킨다.

우울은 부정적 정서와 염세적인 사고를 증가시키는 하향적인 악순환을 낳는다. 부정적 정동은 보다 심한 염세주의를 낳고, 보다 심한 염세주의는 다시금 부정적인 정동을 심화시킨다. 긍정적 정서는 역으로 작용된다. 긍정적 정서는 우리들의 시야를 넓혀주고, 부정적 정서의 효과를 상쇄시키며, 탄력성을 고양시키고, 정서적 웰빙을 향상시킨다. 확장된 시각과 증가된 탄력성은 다시금 긍정적 정서경험을 높인다. 그리고 이러한 패턴이 반복된다. 이는 부정적 정서에서 비롯된 하향적 악순환에 비견되는 결과이다. 요약해서 긍정적 정서는 질병에 대처하는 신체적 자원, 스트레스에 대처하는 심리적인 자원, 거의 모든 삶의 도전들을 다루는데 중요한 사회적 자원(다른 사람으로부터 심리적인 지지 형태의)을 구축하는데 도움을 준다.

활동지)

1. 일주일동안 내가 느낀 긍정적인 정서는 어떤 것인가?

2. 일주일동안 감사했던 일들에 대해 적어보고, 어떤 감정이 있었는가?

3. 기분이 나쁜 일들이 있었을 때 긍정적인 감정이 생겨서 부정적인 감정이 없어진 경험이 있는가?

내 생애 최고의 순간은?

- 9분할법 그리기

❖ 내가 가장 행복했던 순간을 떠올려 보고 연상되는 이미지를 1번에 그리고, 순서에 따라 계속 연상되는 것들을 그려 봅니다.

<table>
<tr><td>3</td><td>2</td><td>1</td></tr>
<tr><td>4</td><td>9</td><td>8</td></tr>
<tr><td>5</td><td>6</td><td>7</td></tr>
</table>

제 8장 인간관계

고대 그리스의 철학자 아리스토텔레스는 "인간은 사회적 동물이다"라고 말했다. 이 말처럼 인간은 사회적 존재로서 태어날 때부터 다른 사람의 도움이 없이 살 수 없는 동물이다. 즉, 인간은 동물과는 다르게 누구의 도움 없이 혼자서는 살 수가 없기 때문에 태어나면서부터 부모나 양육자와의 돌봄과 보호가 필요하고, 아동기나 청소년기, 성인기가 되면 점점 선생님과 친구와의 관계, 선배나 후배와의 관계, 동료와의 관계 등과 같은 인간관계를 더 넓히면서 살아간다.

행복과 삶의 만족에 중요한 부분 중 하나는 다른 사람과의 긍정적인 관계이다(Reis & Gable, 2003). 인간관계는 동전의 양면처럼 우리에게 행복과 기쁨을 주지만, 관계에서 갈등이 생기거나 다툼이 생기면 우울이나 불안, 외로움, 고독감, 시기나 질투, 괴로움과 같은 감정들이 생겨 불행을 주기도 한다.

인생에 있어 인생의 2막을 시작하는 대학생 시기에서 인간관계의 측면은 매우 중요하다(권석만, 2006). 대학생은 기존에 태어나면서부터 고등학교 시기까지 가족이나 학교, 학원에서의 관계를 맺던 인간관계에서 대학에서 맺어진 학과의 친구들, 선 · 후배, 교수님들, 동아리나 학술모임 등과 같은 다양한 사람들과 관계를 맺게 된다. 다양한 사람들을 만나면서 긍정적인 면도 있지만, 기존에 맺었던 관계에서와 다른 갈등을 경험하면 이를 해결해 나가는 기술들도 필요한 시기이기도 하다. 이처럼 인간관계에서의 시행착오를 거치면서 자신만의 해결방법을 깨닫기도 하고 배우면서 인간관계를 맺어가는 시기이기도 하다. 의미있는 타인은 나를 격려해주고 지지해주며, 함께 있을 때 편안하고, 재미있고, 나의 잠재력을 성장시키고 실현할 수 있도록 돕는 사람을 말한다.

삶의 중요한 영역인 인간관계를 원만하고 성숙하게 영위하는 것은 행복한 삶을 위해 필수적인 조건이다. 성숙한 삶을 살아가는 사람들이 공통적으로 나타내는 인간관계의 양식들이 있다. 리프 Ryff(1989)는 행복의 6가지 요소로 환경의 통제, 타인과의 긍정적 인간관계, 자율성, 개인적 성장, 인생의 목적, 자기수용을 주장했다. 타인과의 긍정적 인간관계는 타인과 따뜻하고 신뢰로운 관계를 형성한다. 타인의 행복에 관심을 갖고, 공감적이고 애정 어린 친밀한 관계를 형성하는 능력을 지닌다. 인간관계의 상호교환적 속성을 잘 이해한다(권석만, 2006).

1) 행복에서 인간관계의 중요성

현대인이 공통적으로 겪는 마음의 병은 '고독'이다. 각자의 마음속에 가지고 있는 '외롭다', '혼자다', '의지할 곳이 없다', '나를 알아주는 사람이 없다', '쓸쓸하다' 등의 감정은 고독을 불러일으키고 일부에서는 정신건강에 이상을 보이는 사람들도 많아지고 있다. 원만한 인간관계를 맺지 못하는 사람은 정신 건강의 문제, 즉 불안, 우울, 좌절, 소외, 갈등, 긴장 등을 경험하게 될 뿐만 아니라 다른 사람을 두려워하고 자기비하, 열등감, 무력감, 고독감, 등을 느끼게 된다. 나아가 인간관계를 전혀 맺지 못하게 되면 생산적인 인간관계를 할 수 있는 능력을 갖지 못함으로써 신체적, 정신적으로 문제가 생길 수 있다.

디너(Dinner, 2001)는 행복과 밀접한 관계가 있는 것으로 가장 일관성 있게 예측할 수 있는 것을 인간관계라고 하였다. 긍정적 인간관계는 그 자체로 만족감을 주게 된다. 다른 사람과 관계를 맺고자 하는 것은 인간의 기본적인 내재적 욕구이기 때문이다(Deci & Ryan, 1985). 긍정적인 인간관계는 자존감과 정신건강을 증진할 뿐만 아니라 육체건강에도 중대한 영향을 미친다. 다른 사람과의 연결감과 사회적 지지는 전반적인 육체적 기능을 향상시킬 뿐만 아니라 질병으로부터 회복을 촉진한다(Cohen & Herbert, 1996).

인간관계는 불행을 초래하는 주된 원천이기도 하다. 중요한 사람과의 갈등이나 이별은 우울증, 외로움, 자기 파괴적 행동을 초래하는 중요한 원인이 된다.

(1) 인간관계에서 긍정경험의 중요성

인간관계에서는 부정경험이 긍정경험보다 더 강력한 영향을 미친다. 그래서 인간관계의 부정적 측면을 감소시키거나 제거하는 것이 관계만족도를 증진하는 주된 방법이라고 여겨왔다.

2) 행복에 중요한 사람들

(1) 인생의 네가지 동반자

인간관계는 다른 사람과 깊은 유대를 맺고 애정을 나누고 싶은 기본적 욕구를 충족시키고 그로부터 삶의 활력을 얻는 터전이다. 이러한 인간관계의 욕구는 다양하며 여러 종류의 사람들과 친밀한 관계를 형성함으로써 충족될 수 있다. 권석만(2004)은 만족스럽고 행복한 삶을 살기 위해 네가지 종류의 동반자가 필요하다가 주장한다.

① 가족동반자

가족동반자는 부모나 형제자매, 가까운 친척과 같이 혈연적인 동반자를 말한다. 가정이라는 곳은 인생이라는 등반에 있어서 베이스캠프와도 같은 역할을 하는 곳이다. 가정 속에서 서로를 이해하고 위로하며 지원해줄 수 있는 가족적 동반자는 우리의 삶에 있어서 가장 중요하고 필요한 동반자이다.

② 낭만적 동반자

낭만적 동반자는 사랑을 나눌 수 있는 연인이나 애인을 말한다. 인간은 누구나 낭만적 사랑에 대한 성적인 욕구가 있다. 낭만적인 사랑과 연애감정을 느낄 수 있고 육체적 친근감을 통해 성적인 욕구를 나눌 수 있는 이성상대를 뜻한다. 이러한 낭만적 동반자는 연인관계를 맺게 되는 애인을 말하며 결혼을 통해 부부관계를 형성한 경우에는 배우자를 말한다.

③ 사교적 동반자

사교적 동반자는 교우관계를 통해 우정을 느낄 수 있는 친구를 말한다. 개인적인 친근감이나 신뢰를 바탕으로 긍정적인 정서적 교류를 하는 친구를 말한다. 친구는 서로에 대한 호감과 공통관심사에서 출발하여 서로의 개인적 정보를 공개하게 되고 서로를 이해하게 되며 친밀함을 느끼게 되는 편한 사람이다. 나아가서 생활 속에서 느끼는 즐거움을 공유하고 괴로움을 함께 나누며 서로 돕는 인생의 중요한 동반자이다.

④ 사회적 동반자

사회적 동반자는 함께 일하는 동료를 말한다. 공동의 목표를 위해 직업적 활동을 함께하는 직장 동료, 같은 분야의 공부를 함께하는 학생, 가치나 이념의 실현을 위해 함께 활동하는 동지가 작업적 동반자에 해당한다.

3) 건강한 인간관계의 특성

- 확실하게 서로에 대해 잘 알고 있다.
- 서로가 가지고 있는 특성을 싫어하기보다는 더 좋아한다.
- 서로가 상대방의 행복과 성장에 관심을 가진다.
- 서로는 상대방의 행복이나 성장을 증진시키려는 방향으로 행동하고 노력하고 애쓴다.
- 서로는 효과적으로 의사를 전달할 수 있으며, 상대방에게 자기 자신을 알게 하고 이해시킨다.
- 상대방에게 분수에 맞는 요구를 한다.

· 서로의 자주성과 개성을 인정하며 존중한다.

건전한 인간관계를 지속하기 위해서는 상대방에 대한 요구가 현실적이어야 하며, 그것이 상대방의 행복에 부합해야 한다.

활동지)　　나의 인간관계 작성하기

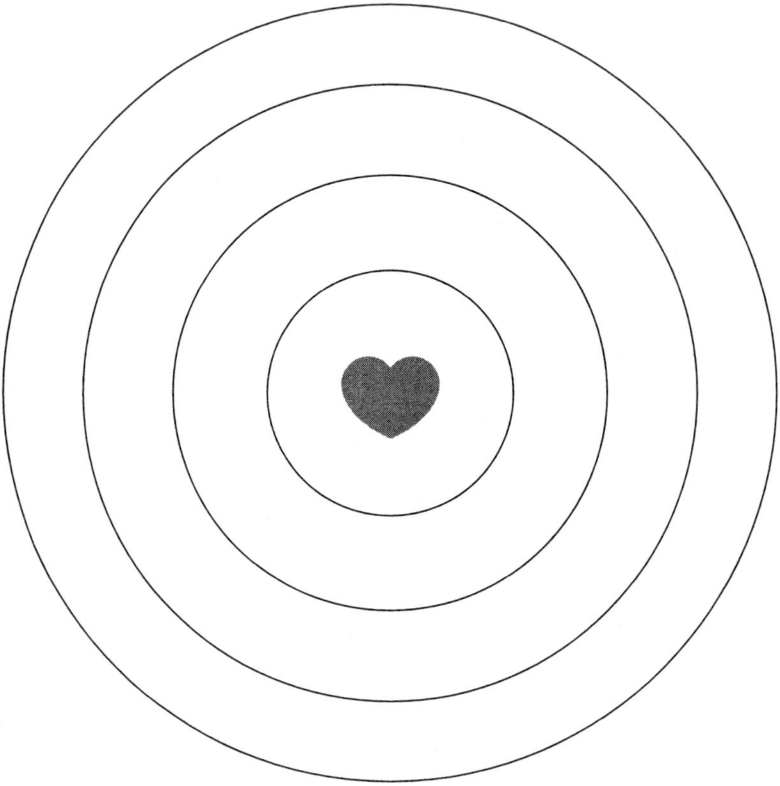

활동지)

나의 대인관계 특성

1. 내가 좋아하는 사람의 특징은?

2. 남들이 나에게 말하는 나의 특징은?

3. 인간관계 맺을 때 가장 어려움을 느끼는 사람은?

4. 인간관계를 맺을 때 관계를 좋게 하기 위해서 어떤 방법들이 있을까?

제 9장 행복과 직업

직업은 경제적 소득 뿐 아니라 개인의 잠재능력을 발휘하고 인생의 의미를 찾게 하는 행복의 주요 원천이다. 직업을 가진 사람이 미취업자보다, 전문직이나 숙련직 노동자가 비숙련직 노동자보다 행복하다. 그러나 직업의 유형보다는 직업만족도가 중요하다. 직업만족은 정신 건강에 직접적 영향을 미치며 삶의 만족도에도 중요한 역할을 한다(Hart, 1999; kelloway & Barling, 1991). 행복한 사람은 직업적 활동에 있어서 더 생산적이며, 생산성을 나타내는 사람은 더 행복하다.

1) 행복에 있어서 직업의 중요성

일을 어떻게 바라보는 가에 따라 일을 통해 얻을 수 있는 즐거움과 행복은 달라진다. 우르제니프스키와 동료들(Wrzesniewski, McCauly,

Rozin, & Schwartz, 1997)에 따르면 사람들이 일을 바라보는 관점은 세 가지 방식이다. 첫째, 단지 생계유지를 위해 소득을 얻는 생업으로 여기는 것이다. 이 사람들은 일 자체보다 그로 인한 경제적 소득에 초점을 맞추고, 직업의 의미도 가족을 부양하는 수단 정도가 된다. 둘째는 직업을 사회적 성공과 연결된 경력으로 여기는 것이다. 이들은 일을 통해 성취동기와 경쟁욕구를 충족시키고, 사회적 지위와 명성을 얻고자 노력한다. 이들에게 직업의 의미는 목표의 성취와 개인적 자긍심을 얻는 것이다. 셋째는 직업을 소명으로 여기는 것이다. 이러한 사람들은 자신의 직업을 통해 사회적으로 유용하고 의미있는 일을 하고 있다고 생각한다. 일 자체에 모든 정열을 쏟고 더 많은 사람의 행복과 더 중요하고 큰 것을 추구한다. 이들은 공동체에 기반을 둔 개인적 성취감에서 의미를 찾을 것이다. 이처럼 직업을 바라보는 관점에 따라 직업을 통해 얻는 의미도 달라진다.

직업은 인생의 의미를 발견할 수 있는 행복의 중요한 원천으로, 행복에 중요한 영향을 미치는 몰입 경험은 주로 직업적 활동을 할 때 일어나는 것으로 밝혀졌다. 칙센트미하이(1990)는 자신의 일을 즐기는 사람들을 일을 하면서 몰입상태를 경험한다고 하였다. 직업에서의 몰입 경험과 직업만족도는 매우 밀접한 관계를 지니고 있으며 서로 상승적 영향을 미친다. 나까무라와 칙센트미하이 (Nakamura & Csikszentmihalyi, 2002)는 즐거움과 의미를 발견할 수 있는 일에 열정적으로 참여하는 것은 행복한 삶의 비결이라고 하였다.

직업은 개인의 능력과 강점을 발휘하고 추구하는 목표와 가치를 구현할 수 있는 자기실현의 장으로, 자기정체감과 사회적 소속감, 동료들과의 사회적 연결망을 제공해 준다. 이러한 점에서 직업은 직업적 활동과 인간관계의 조화를 통해 인생의 의미를 발견하게 하는 행복의 원천이라 할 수 있다.

2) 직업만족도

직업만족은 자신의 직업적 활동이 생산적이며 가치 있는 일이라는 인식에 근거한 정서적 반응으로(Locke, 1976), 행복에 매우 중요한 영향을 미친다. 직업만족도를 결정하는 가장 중요한 요인은 개인과 직업의 부합성이다.

직업만족도에 영향을 미치는 요인들은 흥미, 적성, 가치, 성격 등의 개인적 요인과 직업의 업무특성, 필요한 능력과 자질, 보상체계 및 미래의 전망 등의 직업적 요인으로 나누어 볼 수 있다.

(1) 흥미

흥미는 어떤 종류의 활동이나 사물에 대해서 특별한 주의나 관심을 갖게 하는 개인의 일반화된 행동경향(Renninger, 1990, 2000), 즉 어떤 일에 즐거움을 느끼고 호기심을 갖게 하는 동기적 성향을 뜻한다. 홍미는 직업에 대한 만족도, 노력의 투여량, 지속적 종사기간을 결정하는 중요 요인으로 알려져 있다.

홍미는 성장함에 따라 점차 분화되고 구체화되며 지속된다. 개인적 홍미는 주변 사람들의 지지와 격려를 통해 발전한다(Fried, 2001).

홍미는 내재적인 만족과 여러 장기적 이득을 주는데, 특정분야에서 남다른 성취를 나타내거나, 도전과 좌절을 잘 견디고 극복하게 해주며(McCombs, 1991), 새로운 것의 학습에서 홍미를 느낄수록 스트레스를 덜 경험하고 장기적으로 신체적, 심리적 안녕이 증대된다(Helson & Srivastava, 2001; Sansone, Wiebe, & Morgan, 1999). 홍미의 유지와 새로운 홍미의 계발 능력은 건강하고 생산적인 노화에도 중요하다(Snowdon, 2001).

(2) 적성

직업 선택 시 중요하게 고려해야 하는 개인적 특성은 적성이다. 자신의 우수한 능력을 발휘할 수 있는 직업을 선택하면 탁월한 성과를 거둘 수 있고, 그 직업에 대한 만족도 역시 높아진다. 심리학자들은 이런 개인적 능력을 지능, 적성, 재능, 기술, 역량 등의 다양한 용어를 사용하여 설명하고 있다.

인간의 지적인 능력을 크게 여러 영역의 수행에 공통적으로 영향을 미치는 일반지능과 특수한 분야에 대한 특수지능으로 구분하는데 (Spearman, 1904), 적성은 특수지능에 해당한다.

근래에 들어서는 지능을 좀 더 세분화하려는 노력이 이루어지고 있는데, 지능의 다양성을 가장 잘 보여주는 것은 가드너(Gardner, 1983, 1993)의 다중지능이다. 그는 지능을 언어지능, 논리수학지능, 공간지능, 음악지능, 신체운동지능, 자기성찰지능, 인간친화지능, 자연친화지능의 8가지 능력으로 구분하였다. 가드너(1983, 1997)에 따르면, 지능은 개인이 직면한 곤란을 해결할 수 있는 일종의 문제해결 기술로, 다중지능은 인간의 생존과 적응을 위해 발달한 상호 독립적인 것으로 가정된다.

개인의 직업 선택에서는 다양한 지능들이 어떤 조합을 나타내는지 살펴보는 것이 중요하다. 적성은 타고난 능력, 소질이라고 하지만, 학습 경험이나 훈련에 의해 계발이 가능하다.

(3) 가치

인간은 자신이 가치 있게 생각하는 일을 할 때 만족하게 되므로, 직업 선택 시 자신이 추구하는 가치를 분명히 인식하고 고려해야 한다. 가치란 어떤 목표가 더 바람직한지에 대한 개인의 지속적 신념으로 (Rokeach, 1973, 1979), 자신의 행위와 인생을 평가하고 의미를 부여하는 내면적 기준이 된다.

올포트(1937; Allport, Vernon, & Lindzey, 1960)는 인간이 추구하는 다양한 가치를 〈표〉와 같이 6가지로 분류하였다.

가치관은 성장과정에서 우리가 살아온 환경과 주위사람들의 영향을 받아 형성된 것으로, 특히 어린 시절 부모나 좋아하는 사람들의 행동을 내면화함으로 가치체계가 형성되고, 이렇게 형성된 가치관은 점차 성장하며 구체화된다. 자신이 추구하는 가치에 맞는 직업에 종사하는 사람은 그 직업을 소중하고 의미있는 것으로 여기기 때문에 직업 만족도가 높아진다.

〈표〉 가치관의 유형과 관련 직업(권석만, 2008)

유형	특징	관련 직업
이론형	사물의 진리를 탐구하고 연구하며 가르치는 일에 보람과 긍지를 느낀다.	교사, 교수, 연구원, 학자, 과학자, 평론가, 수학자, 교육가 등 연구 및 교육활동에 종사하는 직업
경제형	재산형성에 큰 가치를 부여하며 돈을 버는 경제적 활동에 관심과 흥미를 갖는다.	소·도매상인, 유통업종사자, 중소기업인, 대기업인, 무역인 등 경제활동에 종사하는 직업
심미형	아름다움의 추구에 가치를 두며 아름다움의 창조활동을 다른 어떤 일보다 소중하게 여긴다.	음악가, 화가, 무용가, 소설가, 예술평론가 등 예술 분야의 직종
사회사업형	고통받는 사람의 삶에 관심이 많으며 이들을 위해 돕고 봉사하는 일에 높은 가치를 둔다.	사회사업가, 상담교사, 재활상담원, 의사, 간호사, 사회봉사자 직종
정치형	국가 및 사회 발전에 관심이 많으며 권력을 취득하여 자신의 영향력을 행사하는 일에 가치를 둔다.	정당인, 정치가, 국회의원, 장관, 차관, 행정관료, 기관장, 시도의원 등의 직종
종교형	인생의 궁극적 의미를 추구하며 절대자의 숭배나 자기초월적 수행에 최고의 가치를 둔다	목사, 전도사, 승려, 신부, 기타 종교와 관련된 직종

(4) 직무환경의 특성

직업 만족에는 개인적 요인 뿐 아니라 직무환경의 특성이 중요한 영향을 미친다. 현대의 직업조직은 대부분 효율과 업적 중시의 경쟁적 분위기가 만연해 있고, 조직의 경제적 운영을 위한 인력 감축과 명예 퇴직등으로 안정성도 저하되고 있다. 이러한 직장환경은 개인의 행복과 정신건강을 저하시키고 직장헌신도와 직무 효율성에도 악영향을 줄 수 있다.

앨더퍼(Alderfer, 1969, 1972)는 직장인의 효율성과 행복감 증진을 위해 인간의 세 단계 욕구인 생존 욕구, 관계 욕구, 성장 욕구를 고려해야 한다고 하였다. 생존 욕구는 생존에 필요한 여러 유형의 물질적·생리적 욕구 – 굶주림이나 갈증 해소, 월급, 상여금, 안전한 작업환경을 원하는 욕구를 포함한다. 두 번째 단계인 관계 욕구는 자신에게 중요한 타인과 친밀하고 신뢰할 수 있는 인간관계를 형성하고 유지하려는 욕구로, 대인관계에서 애정, 친밀감, 소속감, 신뢰감, 자기존중감 등을 얻고자 하는 사회적 동기를 뜻한다. 세 번째 단계인 성장 욕구는 개인이 중요하게 생각하는 능력이나 잠재력을 발전시키려는 욕구로, 매슬로우의 자기실현 욕구에 해당하는 것이다. 앨더퍼는 세 욕구들 간의 역동적 관계를 아래와 같이 설명하고 있다.

① 특정한 욕구가 덜 충족될수록 그 욕구에 대한 갈망은 더욱 강해진다.

② 한 욕구가 충족되면 상위욕구가 일어난다.

③ 상위욕구의 충족이 좌절되면 하위욕구가 일어난다.

이러한 욕구와 그들 간의 역동적 관계를 잘 고려하여 직무환경을 조성하는 것이 필요하다. 앨더퍼의 이론은 세 욕구의 영어명칭 첫글자인 ERG 이론이라고 불린다.

직무특성 모델(Hackman & Oldham, 1980; Oldham, 1996)은 직무의 일반적인 내용과 구조는 기술 다양성, 업무 정체성, 업무 중요성, 업무 자율성, 업무 피드백의 5가지 특성으로 분석도리 수 있으며, 이러한 요인들이 직업만족도에 영향을 미친다고 설명한다. 이 모델에서는 동기를 강화하는 직무환경의 지표인 동기잠재력점수(MPS : Motivating Potential Score)를 다음과 같은 공식으로 나타낸다.

$$\text{MPS}=\frac{(\text{기술 다양성}+\text{업무 정체성}+\text{업무 중요성})}{3}\times(\text{업무 자율성})\times(\text{업무 피드백})$$

MPS가 높을수록 직무동기를 촉진하는 직무환경이며, 업무에 대한 통제력과 피드백이 많아야 직무에 대한 동기가 증진되고 개인의 역량이 최대한 발휘될 수 있다. 또한 직장인들은 자신이 하는 일에 대한 중요성과 의미감을 인식하고 직업만족과 전반적 행복에도 긍정적 영향을 미치게 된다(오동근, 2004; Hackman & Oldham, 1980; Oldham, 1996).

직장인의 심리적 · 신체적 안녕을 증진할 수 있는 직무환경을 설명하는 요구/통제 모델(Karasek, 1979; Karasek & Theorell, 1990)에 따르면, 건강한 직무환경은 적절한 요구(생산목표)와 더불어 그에 적합한 통제권(일의 속도와 방식을 스스로 결정할 수 있는 능력)이 주어지는 환경이다. 능동적 업무를 수행하는 사람은 과제 수행에 필요한 기술과 지식을 자발적으로 학습하고, 적극적 대처전략을 사용하며, 어려움 또한 도전적인 상황으로 받아들인다. 최근 더 확장된 모델은 직장 내의 사회적 지지가 심리사회적 건강을 촉진하는 데 중요하다고 설명하는데, 사회적 지지와 신뢰감이 높을수록 직장인의 자기징체감, 소속감, 전반적 행복이 증진된다.

3) 직업과 자기실현

직업은 자기실현을 위한 중요한 장면이자 행복의 주요 원천이고, 대다수의 사람들은 '일과 직업적 성취'를 인생의 중요한 의미로 여기고 있다. 그러나, 직업적 활동이 의미 있는 것으로 여겨지긴 하지만 즐거움, 행복감이 수반되지 않을 수도 있다.

(1) 직업을 통한 자기실현

자기실현은 '개인이 지닌 모든 잠재력을 발휘하려는 동기'를 지칭하는 용어로 처음 사용되었고, 삶을 이끌어가는 주된 동력이며 개인의 능력을 최대화하고 인생의 행로를 결정하게 하는 것이다(Goldstein, 1934).

이후 매슬로우는 자기실현을 '개인이 잠재적으로 지니고 있는 것을 충분히 발현하려는 경향'이라고 정의했고, 성장을 추구하는 욕구로 개인의 포부와 야망을 성취하는 데 기여한다고 했다. 그에 따르면, 자기실현에 도달한 사람들은 뛰어난 현실감각과 직업역량과 더불어 독립성, 자율성, 깊은 우정, 유머 감각 등을 지닌다고 한다.

로저스(1957, 1961) 역시 인간의 가장 기본적 특성을 자신이 지니고 있는 모든 잠재능력을 발현하려는 선천적인 성향인 자기실현 성향으로 보았다. 자아실현 성향은 두 가지 방향성을 지닌다. 하나는 개인이 선천적으로 타고난 신체적 · 심리적 기질을 그대로 유지하고 나타내려는 성향이고, 다른 하나는 개인이 지닌 모든 잠재능력을 최대한 개발하여 발휘하려는 성향이다. 이러한 자기실현 성향이 차단, 봉쇄되면 인간은 불행감을 느끼고 나아가 심리적 장애를 나타내게 되는 반면, 자기실현을 하는 사람은 진정한 자기자신이 되고, 의미있고 풍요로운 인생을 지향하며 살아가게 된다. 로저스는 이러한 사람을 '충분히 기능하는 사람'이라고 하였다.

긍정심리학의 창시자인 셀리그먼(2002)은 개인이 지니는 주요한 강점들을 잘 발휘하며 사는 것이 행복한 삶이라고 설명한다. 개인이 지닌 가장 근본적인 강점을 찾아내어 계발하고 이것을 직업, 대인관계, 여가활동, 자녀양육 등에 매일 활용함으로 진정한 행복이 발견될 수 있다는 것이다. 즐거운 기분을 느끼며 자신의 일에 몰입하고, 삶의 의미를 발견할 수 있을 때 진정한 행복감을 느낄 수 있고, 즐거운 삶, 몰입적인 삶, 의미 있는 삶은 밀접한 관련성과 상호 촉진적 관계를 지닌다.

직업은 자기실현을 위한 주요 무대로, 개인의 특성에 잘 부합하는 직업을 선택하고, 몰입하며, 잠재역량을 충분히 발휘 하는 것, 더불어 직업활동에서 즐거움과 의미를 느낌으로 직업만족도를 높이는 것이 행복의 중요 요건이라 할 수 있다.

(2) 직업에서의 성취와 업적

직업활동은 그 자체로 즐거움과 의미를 줄 뿐만 아니라 성취와 업적을 남길 수 있도록 하는 인생의 주요 장이다. 성취와 업적은 코고 작음에 상관없이 가족, 직장, 사회와 국가, 인류를 위한 공헌이 될 수 있다.

가드너(1993, 1997)는 아인슈타인, 그레이엄, 피카소, 스트라빈스키, 울프 등 비범한 인물들의 생애와 업적을 연구하여 비범한 업적과 성취의 네 유형을 제시하였다. 첫째는, 어떤 전문영역에서 거장이 되는 것, 즉 자신의 직업분야에서 탁월한 능력과 성취를 통해 최고의 전문가가 되는 것이다. 둘째는 새로운 영역의 창시자가 되는 것이다. 셋째는, 사회를 긍정적으로 변화시키는 영향력 있는 인물이 되는 것이다. 넷째는, 내면적인 삶을 깊이 탐색하고 성찰하는 인물이 되는 것이다.

머레이(2003)는 다양한 분야에서 위대한 업적을 남긴 사람들에 대해 연구하여, 몇 가지 결론을 내렸다. 첫째, 한 개 이상의 전문분야에서 정상에 다다른 사람들은 극히 드물다. 둘째, 어떤 분야이든 정상에 도달한 사람들은 엄청난 노력을 기울인 사람들이다. 셋째, 한 분야에서 정상에 이르기 위해서는 멘토나 스승의 역할이 매우 중요했다. 넷째, 적절한 시기와 적절한 장소, 즉 개인의 재능과 역량을 자극하고 개발하며 발휘할 수 있는 환경에서 사는 것도 중요하다. 다섯째, 탁월한 업적은 문화적 분위기에 의해 영향을 받아서, 자기초월적 가치를 강조하는 문화에서 위대한 업적이 성취되는 경향이 있었다.

직업분야에서 뛰어난 성취를 이루기 위해 자신의 흥미와 능력을 확인하고, 적합한 전문영역을 선택하며, 그 분야의 훌륭한 스승을 찾아 신뢰 속에 잘 배우고, 시간을 투자하며 노력해야 한다. 더불어 자신이 하고 있는 활동이 중요하고, 그 활동에서의 자신의 능력, 역할이 중요함을 확실하게 인식할 필요가 있다(Peterson, 2006).

상상하며 그려보기

❖ 나의 미래를 상상해 봅시다. 인생에서 원하는 것을 많이 얻고, 열망하는 것을 많이 성취한 미래를 상상해 봅니다.

1. 당신이 상상하는 직장생활을 묘사해 봅시다. (출퇴근 방식은, 사무실은, 나의 지위는, 하고 있는 업무의 유형은?)

2. 미래의 직장생활에서 당신이 중요하게 생각하는 가치는 무엇입니까?

3. 미래에 당신이 성취한 것을 묘사해 봅시다

4. 이상에서 묘사한 것들은 당신이 중시하는 가치나 내면적 요인에 의한 것들인가요? 아니면 타인이 중시하는 가치나 외면적 요인의 산물인가요?

5. 미래의 당신이 하고 있는 일들은 당신에게 즐거움과 의미를 주나요? 당신이 잘 하는 일인가요?

제 10장 스트레스 관리

스트레스의 개념과 정의는 시대에 따라 변해 왔으며 학문분야에서는 연구자의 관심과 연구 분야에 따라 다양하게 정의되고 있다. 스트레스라는 용어는 영어권에서 15세기부터 압력 또는 물리적 압박의 뜻으로 사용되기 시작했으며, 17세기경 공학이나 건축 분야에서 일반화되기 시작하여 역경 혹은 곤란의 의미로 받아들여지다가 20세기 들어서면서 질병이나 정신질환으로 간주되었다. 스트레스를 처음으로 명명한 Selye(1976)는 "스트레스란 신체에 가해진 어떤 요구에 대하여 신체가 수행하는 일반적이고도 비특징적인 반응이며, 만약 어떤 변화 때문에 항상성이 무너지면 신체는 스스로 보호하기 위해 자기가 보유하고 있는 여러 가지 자원을 재정비(rearrangement)함으로써 대내적인 반응태세를 취하게 된다."라고 하였다. 여기에서 스트레스란 반드시 불쾌한 것만은 아니며 신체가 재적응하는데 생물학적인 벼화가 일어나도록 어떤 필요한 물질을 생산하는 것이기도 하다. 이러한 의미에서 Johnson(1987)도 적정 수준의 스트레스는 인간의 생존과 성장에 필수적 요인이 된다고 주장하였다.

1) 스트레스의 정의

스트레스(stress)는 '팽팽하게 죄다'라는 의미이 라틴어 'stringer'에서 유래 된 것으로, 삶을 팽팽하게 죈다는 뜻이다. 마음의 안정이나 남과 어울려 사는 것에 큰 불편을 주는 육체적, 정신적 긴장 및 그러한 긴장을 유발하는 것을 흔히 '스트레스'라고 한다.

Lazarus(1977)는 스트레스를 비통상적인 반응을 요구하는 사건이나 상황으로 개념화하고 세 가지 범주, 즉 자극으로서의 스트레스, 반응으로서의 스트레스, 역동적 상호작용으로서의 스트레스로 구분하였다.

(1) 자극으로서의 스트레스

자극으로의 스트레스는 스트레스 반응을 일으키는 상황을 의미한다. 즉, 소음, 공기오염 등 물리적 환경 혹은 중요한 시험의 실패, 이혼, 범죄행위에 따른 구속 등과 같은 심리사회적 사건 등도 스트레스 자극이 될 수 있다. 이와 같은 자극으로서의 스트레스는 우리의 삶을 위협하거나 압력이 될 수 있는 사건 자체를 말하는 스트레스 원으로서 개인의 특성과는 무관하게 발생하며 객관적으로 기술 될 수 있는 성질을 가진 자극으로 볼 수 있다. 예를 들어, 사랑하는 사람의 죽음, 생명을 위협하는 질병, 이혼, 출산 또는 일상의 골칫거리 등이 여기에 속한다.

(2) 반응으로서의 스트레스

스트레스를 경험할 때 일어나는 신체적, 심리적인 반응을 의미한다. 이러한 스트레스 반응으로는 일시적인 분노, 노여움, 공포감 등 부정적인 정서 경험을 할 수 있고, 장기적으로는 개인에게 스트레스성 신체질병이나 우울증, 불안 등 심리장애를 일으킬 수도 있다.

(3) 역동적 상호작용으로서의 스트레스

사회과학에 기초를 둔 것으로 개인과 주위 생활환경의 특성에 관련지어 스트레스를 정의한다. 즉, 환경 내의 자극특성과 이에 관한 반응의 매개체로서 개인의 특성을 강조하고 있는데, 환경의 자극요소와 스트레스에 대한 대처능력 등도 환경의 중요한 일부분이 되며 환경에 영향을 준다는 견해로, 단순한 작용이 아니라 상호작용 또는 역동적 작용으로 보는 것이다. 따라서 자극이 스트레스로 작용하는지 여부와 정도는 자극 혹은 반응 그 자체가 아니고 유기체가 환경자극을 해석하는 방식과 대처자원을 해석하는 방식에 의해서 영향을 받는다는 것이다.

2) 스트레스의 장점과 단점

우리는 흔히 스트레스를 부정적인 관점에서만 언급을 하는데, 이는 많은 사람들이 스트레스를 단지 좋지 못한 경험으로만 관련시키기 때문이다. 자신에게 스트레스가 이익이 되는 것인지 손해가 되는 것인지를 결정하는 것은 스트레스원을 지각하고 해석해서 이를 어떻게 다루는가에 있다.

한 사람에게는 극심한 스트레스를 주는 듯한 상황이 다른 사람에게는 평온함을 줄 수도 있다. 스트레스원을 견디어 내는 능력은 여러 원인에 달려있다. 유전적인 면과 부모로부터의 영향, 과거의 경험, 개인적인 태도 등이 그런 원인들에 해당된다. 즉 스트레스 그 자체로는 나쁜 것이 아니다. 실제로 어떤 스트레스는 우리가 기꺼이 받아들여야만 한다. 왜냐하면 그런 스트레스가 있음으로써 삶의 활력소가 되기도 하기 때문이다.

한편 스트레스도 긍정적인 측면이 많다는 것을 알아야 한다. Bernard(1968)는 스트레스를 그 영향과 효과에 따라 구분하였다. 긍정적인 스트레스를 유스트레스(eustress), 부정적인 스트레스를 디스트레스(distress)라고 명명하였다. 부정적인 스트레스는 그 정도의 과도함이나 불쾌감에 의해 불안과 신체 에너지가 소모되고 질병에 취약해지는 괴로움이 동반된다. 이에 반해 긍정적인 스트레스는 흥미있고 즐거우며, 우리에게 활기를 주는 유쾌한 변화와 경험이다. 이러한 스트레스는 우리 주변의 여러 가지 생활사건 속에서 야기되며, 개인의 생활에 변화와 적응이 요구하게 된다. 따라서 양면성을 지닌 스트레스를 잘 극복하거나 유리하게 활용하기 위해서는 스트레스에 대해 보다 정확하게 이해하여야 한다.

3) 스트레스 대처방안

소진(burn-out)은 지속적이고 강한 스트레스에 노출된 결과에 의한 정신, 정서, 태도의 고갈을 의미한다. 소진증상은 지속적인 긴장, 고갈, 우울한 느낌 등이다, 소진위기에 처한 사람은 가족과 동료에 대해 부정적인 태도를 보이고, 점점 냉소적으로 되거나 무관심해지며, 개인적이 생활과 직업생활에서 가치나 성취의 느낌을 거의 경험하지 못한다. 그들은 자주 아프고 반복적으로 결근을 하기도 하며, 생활을 견뎌내기 위해 알코올, 카페인, 담배와 같은 위안물에 점점 더 의존하기도 한다. 또한 직장과 가족, 친구들과 더 자주 갈등을 겪는다.

Bucannon은 우리에게 '신성한 이기심(holly selfishness)'를 발휘하

여 자기돌봄과 타인돌봄의 균형을 이룰 것을 강조하고 있다. 즉 자기가 신체적으로나 정신적으로 건강하지 못하면 결국 타인을 위해 봉사하는 일도 제대로 할수 없게 된다는 것이다.

(1) 비건설적인 대처방법

스트레스의 상황을 접했을 때 사람들은 비건설적인 방법으로 자기비난하기, 포기하기, 도피하기, 화내기, 욕하기, 싸우거나 때리는 것과 같은 공격 행동하기, 폭음하기, 담배 피우기, 과식 또는 폭식하기, 불법적인 약물(마약 등) 사용, 게임이나 도박 등과 같은 쾌락적인 활동, 탐닉하기 등과 같은 행동들이 포함한다.

심리학적으로 보면 정신분석학 분야에서 많이 사용해 온 방어기제로 주로 무의식적으로 진행되는 심리과정으로 부정적인 감정을 경감시켜 준다는 부분에서 스트레스 해소에 도움이 될수 있다. 그러나 근본적으로는 문제의 해결이나 개인의 발전에 별 도움이 되지 않는다는 점에서 비건설적인 대처 방법으로 분류되기도 한다. 방어기제로는 부정, 합리화, 억압, 투가, 반동형성, 이지화, 동일시, 전위, 승화 등이 있다.

(2) 건설적인 대처 방법

건설적인 대처방법에는 세 가지로 구분 될 수 있다. 문제중심적 대처와 평가 중심적 대처, 정서 중심적 대처로 나눌 수 있다.

문제 중심적 대처란 개인이 처해 있는 문제, 스트레스 상황에 초점을 맞추어 이를 해결하려는 일련의 노력이라고 할 수 있다. 문제상황을 해결하려는 노력은 가장 적극적인 스트레스 대처 방법이라고 할 수 있다. 문제 중심적 대처에 포함되는 구체적인 방법으로는 '체계적으로 문제 해결하기', '합리적이고 효율적으로 시간 사용하기', '도움(또는 사회적지지) 요청하기' 등이 있다.

평가중심적 대처란 문제(스트레스 상황)에 대한 개인의 평가 또는 생각에 초점을 맞춘 대처방법을 말한다. 이 대처 방법은 우리가 경험하는 스트레스의 많은 부분은 스트레스 상황에 대한 우리의 생각 또는 평가에서 비롯된다는 관점에 기초하고 있다. 스트레스 상황을 긍정적이고 낙관적으로 바라보면 그 상황은 더 이상 우리에게 스트레스가 아니다.

스트레스는 외부 상황에서 비롯되는 것이 아니라 우리 자신의 마음에서 비롯되는 것이다.

평가 중심적 대처 방법은 엘버트 엘리스의 ABC 이론이다. A(Activating event)는 스트레스를 유발하는 사건, B(Belief)는 선행사건에 대한 개인의 생각 또는 신념을 말한다. C(Consequences)는 스트레스의 경험의 정도를 의미한다. 엘리스는 A가 C를 초래하는 것이 아니라 A에 대한 개개인의 B가 C를 초래한다고 본다. 따라서 B가 가장 중요한 변인이라고 할수 있다. B가 부정적이면 우리는 많은 스트레스를 경험하게 된다. 이외에도 D(Dispute)와 E(Effect)가 있다. D는 스트레스를 일으키고 있는 부정적인 생각이 비합리적이고 부적절하다는 점을 반박하는 과정을 말한다. E는 부정적이고 비합리적인 생각을 긍정적이고 합리적으로 바꾸는 것이다.

정서중심적 대처는 스트레스 상황에서 경험하는 정서적 긴장이나 부정적 정서를 줄이거나 개선하기 위해서 사용하는 노력을 말한다. 예를 들면 요가, 선 등과 같은 명상법, 바이오피드백, 이완훈련, 웃음, 운동, 용서, 여가 활동등이 있다.

스트레스 증상

❖ 엄청난 스트레스를 받고 있다고 느낄 때 우리는 다양한 증상들을 경험하게 된다. 여기에는 신체적 증상, 정서적 · 행동적 증상이 있다.

〈표〉 스트레스 증상(Jane B. Burka & Lenora M. Yuen, 2004)

신체적 증상	정서적 · 행동적 증상
위통 또는 소화 불량	걸핏하면 화를 냄
두통	피곤함, 기운이 없어 아침에 일어나기 힘듦
요통	집중력 감소
심장 박동이 빨라짐, 두근거림	기분이 자주 바뀜
손이 차고 끈적거림	알코올 섭취량이 늘어남
호흡이 빨라짐, 과다호흡	수면 · 식욕 · 성욕의 현저한 증가나 감소
목이나 어깨 근육의 경직	안절부절 못함
턱이 굳음(이를 갈거나 악문다)	좋아하는 활동을 즐기지 못함
가슴이 조이거나 짓눌리는 느낌	무기력하고 무감각해짐
질병(감기, 독감)에 쉽게 걸림	건망증이 생김

스트레스와 평화롭게 공존하기

1) 평상심을 가져라

스트레스 상황에서는 평상심을 찾고 유지하는 것이 중요한데, 이를 위해 먼저 스스로에 대한 과도한 욕심과 기대를 내려놓는 것이 필요하다. 또한 지나치게 높은 목표를 세우지 말아야 하는데, 실패의 경험이 지속되면 자신감도 의욕도 상실하고 작은 일에도 스트레스를 받을 만큼 민감해 지기 때문이다.

2) 천천히, 천천히

생활이 바빠지면서 사람들은 느긋하게 수다를 떨거나, 여유롭게 산책을 하거나, 음식 하나하나의 풍미를 제대로 음미하며 식사를 하거나, 찬찬히 풍경을 즐기는 방법들을 잊어가고 있다.

생활의 리듬을 조금 늦춰보자. 무겁게 떠안고 있던 스트레스가 한층 가벼워지는 경험을 하게 될 것이다.

3) 스트레스를 동력으로

생각을 조금 바꾸면 스트레스도 얼마든지 세상을 살아갈 동력으로 활용할 수 있다. 스트레스로 몸에 무리를 느끼지 않았다면 어떻게 건강에 대한 진지한 태도를 가질 수 있었을까? 스트레스가 없었다면 평범한 일상이 주는 행복과 기쁨을 깨달을 수 있었을까?

스트레스와 평화롭게 공존하며 다루어가는 방법을 익혀보자.

스트레스 대처방법 체크리스트

스트레스 사건이나 상황에서 대처하기 위해서 나는		해당 사항 없음	약간 사용	어느 정도 사용	아주 많이 사용
1	다음 단계에 무엇을 해야 할 것인지에 대해 생각한다.	1	2	3	4
2	그 문제를 더 잘 이해하기 위하여 그것을 자세히 분석해 본다.	1	2	3	4
3	그 일을 잊기 위하여 다른 일을 하거나 다른 활동을 한다.	1	2	3	4
4	그 시간이 지나면 사건(상황)이 달라질 것이라고 생각한다.	1	2	3	4
5	그 일(또는 상황)에서 무엇인가 바람직한 것을 얻어내려고 협상하거나 타협한다.	1	2	3	4
6	잘 안된다고 생각하지만, 적어도 무엇인가 해보기로 한다.	1	2	3	4
7	상대방이 마음을 바꾸도록 시도해 본다.	1	2	3	4
8	그 일에 대해 좀 더 알아보려고 누군가와 이야기를 한다.	1	2	3	4
9	자신을 반성하거나 교훈을 얻는다.	1	2	3	4
10	최후의 수단을 쓰기보다는 어느 정도 여지를 남겨둔다.	1	2	3	4
11	기적이 일어나기를 바란다.	1	2	3	4
12	운으로 돌린다(때로 운이 나쁠수도 있으니깐).	1	2	3	4
13	아무 일도 안 일어난 것처럼 행동(생각)한다.	1	2	3	4
14	내 감정을 아무에게도 알리지 않으려고 노력한다.	1	2	3	4
15	보통 때보다 더 오래 잔다.	1	2	3	4
16	그 문제를 일으킨 사람이나 물건에 대해 화를 낸다.	1	2	3	4
17	다른 사람들의 동정과 이해를 받아들인다.	1	2	3	4
18	기분전환이 될 수 있을만한 말을 자신에게 한다.	1	2	3	4
19	그 일에서 무엇인가 창조적인 일을 할수 있는 단서를 얻는다.	1	2	3	4
20	모든 것을 잊어버리려고 노력한다.	1	2	3	4
21	전문적인 도움을 청한다.	1	2	3	4

스트레스 사건이나 상황에서 대처하기 위해서 나는		해당 사항 없음	약간 사용	어느 정도 사용	아주 많이 사용
22	인간적으로 꽤 변모하거나 성장하게 된다.	1	2	3	4
23	어떤 대책을 시도해 보기 전에 우선 무슨 일이 일어날 것인지를 기다려본다.	1	2	3	4
24	사과를 하거나 보상을 하기 위해 어떤 일을 한다.	1	2	3	4
25	활동 계획을 세우고 그것에 따른다.	1	2	3	4
26	그 일이 지금보다 더 나쁠 수도 있었음을 스스로 일깨운다.	1	2	3	4
27	어떻게든 기분을 풀어버린다.	1	2	3	4
28	내 스스로 문제를 일으켰음을 깨닫는다.	1	2	3	4
29	시작 때보다 좋은 경험을 얻고 끝낸다.	1	2	3	4
30	문제를 구체화시킬 수 있는 사람과 이야기를 한다.	1	2	3	4
31	잠시 그 상황에서 물러나 있는다.	1	2	3	4
32	무엇을 먹거나, 담배를 피우거나, 약을 복용하는 등의 행위로 기분을 전환한다.	1	2	3	4
33	되든 안되든 한번 시도해 보거나 매우 위험 부담이 큰일을 한다.	1	2	3	4
34	조급히 굴거나 육감에 따르지 않으려고 노력한다.	1	2	3	4
35	새로운 신념을 얻는다.	1	2	3	4
36	술을 마신다.	1	2	3	4
37	해결 할 수 있다는 긍지를 가지고 꿋꿋이 버티어 나간다.	1	2	3	4
38	일어난 일(상황)이 나의 느낌을 바꿀 수 있기를 바란다.	1	2	3	4
39	일이 잘 되어 나갈 수 있도록 무엇인가를 변화시킨다.	1	2	3	4
40	대체로 사람들과 어울리기를 피하고, 혼자 있으려 한다.	1	2	3	4
41	그 일에 사로잡히지 않는다. (너무 깊이 생각하지 않으려고 한다)	1	2	3	4
42	존경하는 친척이나 친구에게 조언을 구한다.	1	2	3	4
43	그 일이 얼마나 잘못되었는지를 사람들이 눈치채지 못하도록 한다.	1	2	3	4

스트레스 사건이나 상황에서 대처하기 위해서 나는		해당 사항 없음	약간 사용	어느 정도 사용	아주 많이 사용
44	그 일을 무시해 버린다. (너무 심하게 받아들이지 않는다)	1	2	3	4
45	자신이 느끼고 있는 바를 누구에게 말한다.	1	2	3	4
46	내 입장을 지키면서, 바라는 바를 위하여 싸운다.	1	2	3	4
47	다른 사람에게 분풀이를 한다.	1	2	3	4
48	과거의 경험에 의존한다.(전에도 비슷한 일이 있었다)	1	2	3	4
49	다음에는 일이 좀 다를 것이라고 자신에게 다짐한다.	1	2	3	4
50	문제해결을 위해 몇 가지 대책을 세운다.	1	2	3	4
51	내가 할 말이나 생각을 속으로 되풀이 한다.	1	2	3	4
52	내 감정 때문에 다른 일들이 너무 방해 받지 않도록 애쓴다.	1	2	3	4
53	인생에 있어서 중요한 것이 무엇인가를 재발견한다.	1	2	3	4
54	자신이 처한 지금의 상황보다 더 좋은 경우를 상상하거나 공상한다.	1	2	3	4
55	그 일이 사라지거나 끝나버리기를 바란다.	1	2	3	4
56	일이 어떻게 되었으면 좋겠다는 공상이나 소망을 한다.	1	2	3	4
57	그 일이 잘 되게 해달라고 기도를 한다.	1	2	3	4
58	최악의 경우를 각오한다.	1	2	3	4
59	무엇을 해야 할지를 알기 때문에 일이 잘 되도록 더 열심히 노력한다.	1	2	3	4
60	내가 존경하는 사람은 이런 때 어떻게 했을까를 생각해보고 그대로 따른다.	1	2	3	4
61	다른 사람의 입장에서 그 문제를 생각해 보려고 노력한다.	1	2	3	4
62	내가 가장 바라던 것이 안 되면 그 다음 순위의 해결책이라도 받아들인다.	1	2	3	4

하위요인		문항	문항수	비고
적극적 대처	문제 중심적 대처	1, 2, 5, 6, 9, 19, 22, 25 26, 28, 29, 33, 34, 35, 37 38, 39, 46, 48, 50, 59	21	
	사회적 지지대처	8, 17, 21, 30, 42, 45	6	
소극적 대처	정심 중심적 대처	3, 4, 7, 10, 11, 12, 13, 14 15, 16, 18, 20, 23, 24, 27 31, 32, 36, 40, 41, 43, 44, 47	23	
	소망적 사고	49, 51, 52, 53, 54, 55, 56 57, 58, 60, 61, 62	12	

나의 스트레스 요인

요인	내용	생각, 감정, 행동 찾아보기		나에게 도움이 되는 방법
심리적인 문제		생각		
		감정		
		행동		
대인관계 문제		생각		
		감정		
		행동		
학업문제		생각		
		감정		
		행동		
진로문제		생각		
		감정		
		행동		
이성문제		생각		
		감정		
		행동		

❖ 우리는 어떤 상황에서 스트레스를 받나요? 그룹별로 스트레스를 받는 상황들에 관하여, 스트레스에 대처하는 방법에 관하여 함께 이야기 해 보고 정리해 봅시다..

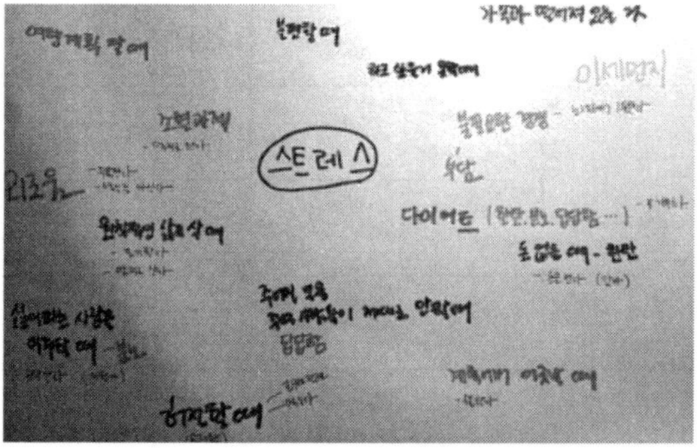

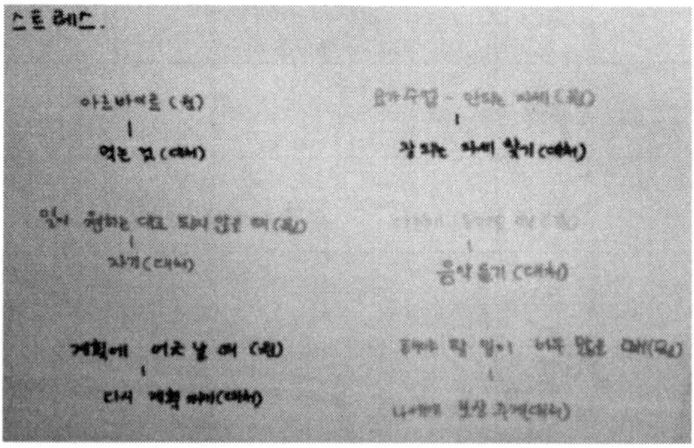

제 11장 역경극복

1) 역경의 의미

누구나 살면서 한 두 번씩 생의 위기를 경험할 때가 있다. 갑자기 집안이 어려워져서 사랑하는 사람과 헤어지게 될 때, 불가항력적으로 재난을 입은 경우, 노력에 비해 나타난 결과가 신통치 않을 대 우리는 삶에 대해 희망보다는 원망스러운 마음을 갖게 된다.

전통적으로 이러한 극단적인 삶의 어려움과 고난은 '외상 후 장애(PTSD)'를 남기는 쪽으로 주로 연구되고 논의되고 있다. 그러나 긍정심리학적인 관점에서 이러한 역경들은 충분히 수용하고 극복하면 오히려 한 사람의 인생의 의미 있는 성장경험을 제공한다.

2) 역경을 통한 성장

외상적인 경험으로부터 야기되는 긍정적인 결과들을 외상 후 성장(PTG)이라고 한다(Tedeschi, Park, & Calhoun, 1998). 외상 후 성장은 개인적인 고통에서 비롯될 수 있는 성장과 고양의 잠재력을 보여주는 연구들의 주요 주제이다. 외상 후 성장에 대한 문헌들은 탄력성에 대한 문헌과 상당히 밀접히 관련되어 있다. 도전적인 삶의 사건에 직면하여 나오는 인간의 강점에 초점을 두고 있다.

(1) 외상의 부정적 효과

개인의 삶을 변화시키는 외상의 효과는 과소평가될 수 없다. 생명에 위협을 주는 사건에 흔히 수반되는 신체적 고통, 상해와 더불어 괴롭고 고통스러운 심리적 여파가 뒤따른다. Janoff-Bulman과 Frieze(1983)는 외상의 희생자들이 흔히 쇼크와 혼란, 무력감, 불안, 공포, 우울 등의 정서적 반응을 보인다고 하였다.

Janoff-Bulman은 외상으로 인해 심리적 피해가 생기는 이유 중 상당 부분은 사람들이 자신과 그들이 살고 있는 세계에 대한 기본 가정을 외상적인 사건이 무너뜨리기 때문이라고 하였다(Janoff-Bulman, 1992; Janoff-Bulman & Frieze, 1983). 외상에 의해 도전 받는 세 가지 기본 가정을 다음과 같이 설명하였다. 첫째, 자신이 상처받지 않으리라는 – 그런 일이 나에게는 일어날 수 없다는 – 믿음이다. 희생자가 되고 나서야 사람들은 나쁜 일에 자신에게도 일어날 수 있음을 깨닫고, 또 이러한 일이 일어날까 전전긍긍하며 상당한 시간과 에너지를 소모한다. 둘째는, 세계가 의미있고 이해할 수 있다는 지각이다. 외상 후 자신의 삶이 무질서하고 혼란스러워 보이면서, "왜 하필 나인가? 내가 무슨 일을 했기에 이런 일을 당해야 하는가?"라고 자문하게 된다. 세 번째는, 우리 자신에 대한 긍정적인 관점이다. 외상으로 인해 개인적인 가치감과 자기 존중감이 상처받고 훼손되는 것이다. 희생자가 되고 나면, 사람들은 자신이 무기력하고, 약하고, 통제할 수 없으며, 힘이 없고, 궁핍한 존재라고 느낄 수 있다.

(2) 외상의 긍정적 효과

Park(1998)은 상당수의 사람들이 외상적인 체험 후에 "그것은 나에게 일어날 수 있는 최상의 일이었다." 라고 실제로 이야기함을 보고 했다. 처음에는 외상적인 경험이 혼란스럽고 놀랍다. 하지만 시간이 지나면서 사람들은 그들 자신과 삶에 대해 보다 깊은 가르침을 배우게 된다. 이러한 가르침은 그들 자신에 대해 그들이 맺고 있는 관계에 대해 그리고 삶에 있어서 무엇이 중요한가에 대해 개인적인 이해를 높이는 잠재력이 있다. 이러한 가르침은 또한 보다 효율적인 대처와 적응에 기여한다.

① 자기와 세상에 대한 긍정적인 지각의 변화

역경이나 외상 사건을 경험하게 되면, 세상에 대한 위험과 스스로의 취약성을 인식하는 동시에 자신과 세상에 대한 비현실적인 지각과 신념을 수정하게 된다. 더불어 역경으로 인해 상당한 고통과 혼란에 놓였다가 이를 견디고 극복하는 과정에서 자신의 잠재력과 강점을 새롭게 발견하게 되고, 스스로에 대한 확신과 통제감이 상승하는 경험을 한다. 결과적으로 개인의 자신의 취약성을 인정하고 강점을 발견함으로써 균형 잡힌 자기상을 형성하게 되며, 세상에 대해 더욱 합리적이고 현실적인 시각을 갖게 되는 것이다.

- 개인적인 강점, 확신, 자기의존이 증가했다는 느낌
- 자신의 삶을 포함하여 삶의 취약성에 대한 평가의 증대
- 희생자가 아니라 생존자로 보는 자기지각

② 대인관계에서의 변화

충격적이고 예상치 못했던 위기에 빠지게 되면 이제까지의 관계 경험에서도 많은 변화가 야기된다. 특히 관계상실과 같은 역경 사건의 관계의 단절이라는 극단적인 변화를 직접적으로 초래하기 때문에 그로 인해 파생되는 관계 관계에서의 변화가 더 두드러질 것이다. 즉 위기에서 빠져나오기 위해 도움을 청하거나 자기공개를 하고, 주변의 지지와 도움을 경험함으로써 관계의 중요성과 친밀감이 더욱 증가하게 된다. 또한

자신의 아픔과 고통을 통해 다른 사람을 더욱 깊이 이해하고 공감하며, 함께 살아가는 이들에 대한 감사와 이타적 태도가 증가하는 긍정적 변화를 보이게 된다.

- 가족과의 보다 끈끈한 연대
- 정서 노출과 다른 사람에 대한 친근감의 증대
- 다른 사람들에 대한 연민과 베푸는 마음의 증대

③ 삶의 우선순위에서의 변화

인생의 위기에 직면한 사람들은 종종 신에 대한 분노 혹은 자신의 운명과 인생 전반에 대한 회의와 절망을 경험하곤 한다. 역경을 경험하기 이전에 신앙을 가지고 있었던 경우에 더욱 그러하겠지만, 설령 특정 종교에 대한 믿음이 없었던 사람도 이러한 역경으로 인한 극심한 혼란과 좌절에 빠져 어떤 초월적 존재를 원망하거나 전적으로 기대고 매달리는 모습을 흔히 관찰할 수 있다. 역경으로 인한 충격과 스트레스가 클수록 실존적, 영적 변화를 이끌어 낼 기회가 커진다. 특히 중요한 관계에서의 상실 경험은 인간의 운명, 삶과 죽음, 만남과 헤어짐의 인연과 같은 실존적, 철학적 물음을 직접적으로 던지기 때문에 인생관 전반에서의 변화가 필연적일 것이다. 이러한 물음에 대한 적절한 답을 찾지 못한다면 혼란과 두려움이 지속될 것이고 성장에 이르지 못할 것이다. 반면에 인생의 유한함을 인정하고 자신에게 주어진 한정된 시간 동안 어떻게 살아야 행복하고 의미 있는가에 대해 깊이 고민함으로써 더 나은 인생관 및 가치관을 정립할 수 있을 것이다. 역경을 통해 성장한 사람들은 대체로 삶의 의미에서 우선순위가 바뀌고, 작은 것들에 고마움을 느끼며, 영적인 면에서 신의 존재를 느끼거나 종교에 대한 믿음이 공고해지는 변화를 보인다.

- 삶에서 무엇이 중요한가에 대한 증가된 명료성
- 삶의 의미에 대한 보다 깊고 종종 영적인 감각
- 쉽게 살겠다는 새로운 약정
- 재물이나 돈, 사회적 지지를 얻는 것에 대한 관심의 저하

실존주의자인 빅터 프랭클(Viktor Frankl, 1976, 1959)은 "의미에서의 의미"가 사람들의 삶에서 기본적인 동기적 힘이라고 주장했다. 프랭클은 사람들이 삶의 여정에서 스스로를 떠받치기 위해서는 무엇보다도 목적의식, 의미, 방향성이 필요하다고 생각했다. 의미있는 삶은 사람들의 목표와 야망에서 표현되고, 이것은 다시 에너지를 미래로 향하게 한다.

외상적인 경험이 이러한 목표와 목적을 뒤흔들거나 부수면, 삶은 무의미한 것으로 지각된다. 이런 상태에서 사람들은 삶에 대한 의미와 목적을 되찾으려고 강하게 동기화된다. 새로운 목표나 목적, 그리고 야망은 의미와 방향에 대한 감각을 재정립한다. 따라서 사람들이 새로운 목표나 목적을 개발하고 거기에 헌심함에 따라, 외상적인 경험에서 야기된 상황은 개인적인 성장의 기회를 제공한다.

(3) 역경 후 성장과 유사한 개념들

역경 후 성장과 가장 유사한 개념으로 탄력성(resilience)을 들 수 있다. 탄력성은 삶에서 어려움과 고난을 겪더라도 이후에 삶을 지속해나가고 목적적인 삶을 영위해 나가는 능력을 의미한다(Rutter, 1987).

강인성(hardiness)의 개념도 역경 후 성장과 관련이 있는데, 이는 삶에서 일어나는 사건에 대해 개입하고 통제하며 도전하는 경향성을 의미한다(Kobasa, 1979). 강인성이 높은 사람은 호기심 많고 능동적이며, 삶의 여러 사건들에 자신이 영향을 미칠 수 있다고 믿고, 도전적인 사건들이 일어나길 기대한다.

탄력성과 강인성은 모두 삶의 어려움 속에서도 긍정적인 변화나 적응을 가능케 하는 개인 내적 특성인 반면, 역경 후 성장은 심각한 스트레스 사건의 영향을 견뎌내고 투쟁한 결과로 긍정적 변화가 일어나는 현상 자체를 의미한다는 점에서 서로 구별되는 개념이다(이유리, 2011).

3) 역경 후 성장에 영향을 미치는 요인

(1) 역경 자체의 특성

역경 후 성장에 영향을 미칠 수 있는 첫 번째 요인은 역경 사건 자체의 특성이다. 역경의 종류, 역경의 충격 심각도, 역경으로부터 경과된 시간 등을 고려할 수 있다. 역경이나 스트레스 사건의 심각도가 높을수록 성장 수준이 높다는 연구결과들(Park, Cohen, & Murch, 1996, Tedeschi & calhoun, 2004)과, 역경 직후 스트레스와 부정적 변화를 많이 보고한 사람일수록 1년 경과 후의 삶에서 긍정적 변화를 더 많이 보고하는 경향이 있는 것으로 나타났다.

(2) 개인의 특성

두 번째 측면은 역경을 경험하는 개인의 특성이다. 성별, 낙관성, 사회적지지 자원 등이 일관되게 역경 후 성장에 영향을 미치는 것으로 보고되고 있다. 여성이 남성보다 비슷한 역경을 경험한 후 성장수준이 높은 경향이 있으며, 성격 특성들 중 낙관성이 유일하게 이후의 성장 수준을 예언하는 것으로 나타났다(Davis, Nolen-Hoekserma, 2009). Fazio와 Fazio(2005)는 9 · 11 테러 희생자 유가족들의 치유와 성장을 도우면서, 성장을 촉진시키는 개인적 핵심자원으로 낙관성, 진정한 의미, 유머, 정서지능, 탄력성, 영성, 자기신뢰를 제시하였다.

(3) 역경에 대한 처리과정

역경 후 성장에 영향을 미치는 요인으로 고려할 세 번째 측면은 역경에 대한 처리과정이다.

Tedeschi와 Calhoun(1996, 2004)은 개인이 기존에 지니고 있던 주요 신념과 목표, 인생관 등을 흔들어 놓거나 붕괴시킬만큼 큰 충격을 가져

온다는 의미에서 역경 및 외상 사건을 지진에 비유하였다. 개인이 가지고 있던 도식이 무너지면 정서적 고통이 유발되기에 정서 조절을 위해 나에게 왜 이런 일이 일어났고, 이 경험은 무엇인지 이해하려는 끊임없는 반추가 일어나게 된다. 역경 사건 초기의 반추는 자동적이고 침투적인데, 상당히 고통스럽고 원하지 않는 사고과정이지만, 역경과 관련된 주제를 계속 생각하게 하는 역할을 하며 적응적이고 성숙한 도식을 재건하기 위한 시도이기도 하다. 동시에 자신의 고통스러운 경험을 주변 사람들과 나눔으로 자기 공개의 기회와 사회적 지지를 구하는 경험을 함께 하게 된다. 이러한 자기 공개 및 사회적지지 경험과 반추가 상호작용을 일으켜, 역경과 자신의 삶에 대한 자의적인 성찰과정으로 나아가게 된다. 역경의 의미를 재평가하고, 기존의 인생관과 삶의 철학에 대해 반성하는 건설적인 사고활동은 성장을 촉진하는 핵심적인 역할을 한다.

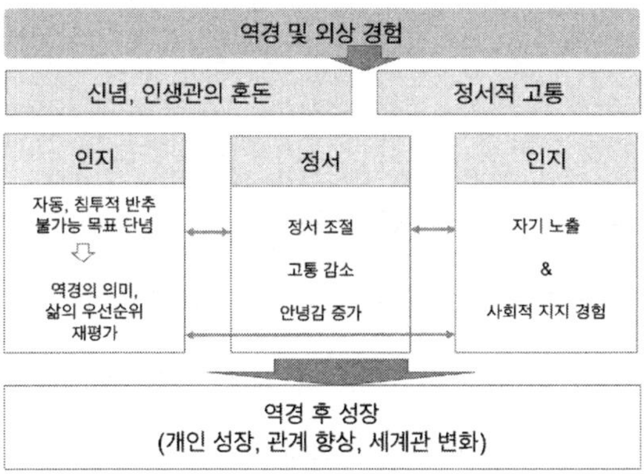

〈그림〉 역경 후 성장에 관한 모델(Tedesch i& Calhoun, 2004)

나는 내가 고통에 대한 보상을 받았다는 것을
아주 오랜 시간이 지난 후에야 분명히 이해할 수 있었다.
열병을 앓고, 불구가 되고, 인생에 실망하고
부는 물론 친구마저 잃어버렸을 때는 그 순간이 마치
보상받지 못한 손해, 앞으로도 보상받지 못할 손해로 느껴졌다.
그러나 세월이 지나자 모든 고통 속에는 강력한 치우의 힘이 숨어 있음을 깨닫게 되었다.
사랑하는 친구, 배우자, 형제, 애인의 죽음은 그저 고통과 상실감만을 안겨주는 것 같지만, 시간이 지나면 그 경험은 삶의 안내자나 전능자와 같은 역할을 한다.
우리의 삶의 방식을 완전히 바꾸고 어린아이 같은 사고방식에서 벗어나게 해주며, 습관적인 행동과 기계적으로 유지되는 가정생활이나 삶의 방식을 깨뜨려 준다. 그뿐 아니라 인격의 성장에 더욱 가까워진 새로운 자아를 만들어준다. 또한, 새로운 사실을 습득하도록 돕거나 그렇지 못하게 만들고, 앞으로 중요하게 작용할 새로운 영향을 받아들이도록 한다.
그 결과 햇빛 가득한 온실 속 화초였던 사람, 뿌리가 더 이상 성장할 공간도 없이 햇빛만 가득 쐬고 있던 사람이 벽을 깨고 정원사의 손에서 벗어나 숲 속의 나무 한 그루가 된다. 이제 그는 많은 이웃에게 그늘을 만들어주고 맛있는 과일을 제공할 것이다.

– R. W. Emerson의 수필 '보상' 중에서

활동지) 나의 역경 경험

1. 내가 겪은 역경의 경험은 무엇인가?

2. 역경경험을 통해 내가 생각하는 긍정적인 기억 & 부정적인 기억은 무엇인가?

3. 역경경험을 통해 깨닫는 점은 무엇인가?

※ 역경극복에 영향을 주는 요인 : OTHERS(S)모델 ➡ 긍정집단상담 워크북(김광은)

- 낙관성(Optimism)
- 유머(Humor)
- 탄력성(Resilience)
- 자신감(Self Confidence)
- 진정한 의미(True Meaning)
- 정서지능(Emotional Intelligence)
- 영성(Spirituality)
- 타인들(Others)

나의 생애 자동차를 그려 봅시다.

- 내게 있어 엔진에 해당하는 것은? 방향성을 주는 핸들은?
- 속도를 내게 하는 엑셀레이터는? 브레이크는? 전진, 후진, 파킹을 구분하는 기어는?
- 달리게 하는 연료는? 차체를 지탱해 주는 바퀴는?
- 나의 안전을 돕는 안전벨트는? 시원한 바람과 신선한 공기를 주는 유리창은?
- 과속 방지턱은?
- 신호등은?

예시〉

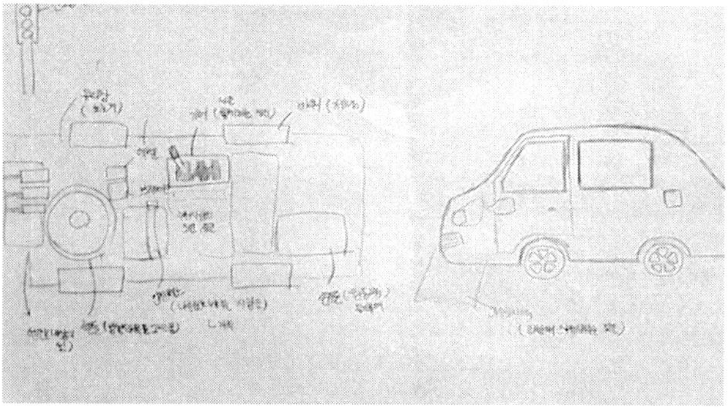

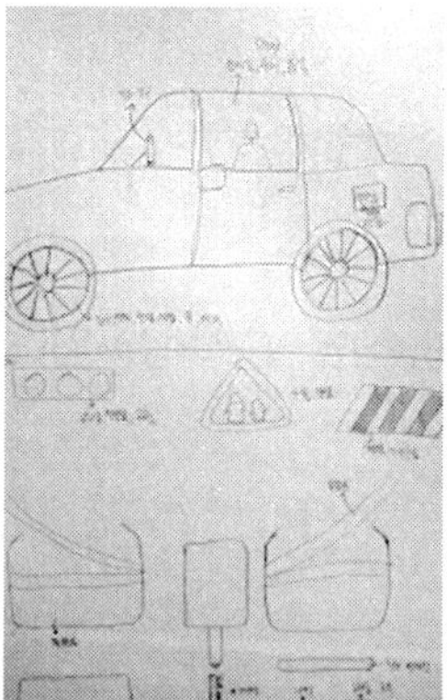

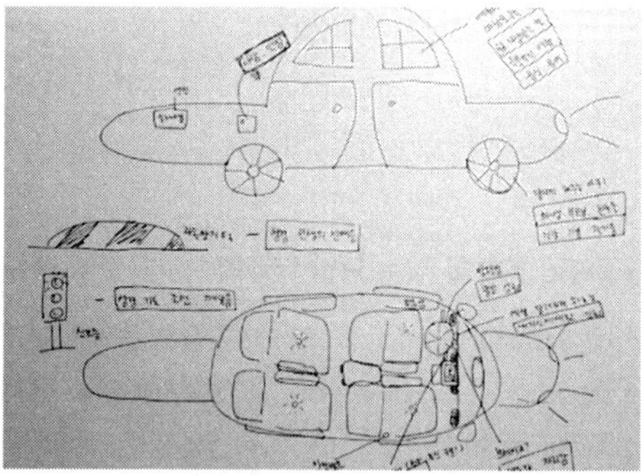

나의 생애 자동차

제 12장 21세기 행복심리학

1) 21세기의 특성

지난 수세기 동안 인류는 농업혁명과 산업혁명을 비교적 성공적으로 일궈냈다. 이제 인류는 정보혁명 시대로 빠르게 진입하고 있다. 최근 인공지능과 4차 산업혁명 기술이 금융, 법률, 의료, 언론, 예술, 교통, 물류, 안전, 환경 등 거의 모든 분야에서 새로운 부가가치 창출의 원천으로 주목받고 있다. 인공지능과 4차 산업혁명 기술은 그 발전 속도가 매우 빠르고, 모든 분야에서 지대한 영향을 미칠 것이 확실하기 때문에 사회 전반에 미칠 영향을 미리 분석하고 대비할 필요가 있다.

21세기는 지식정보사회다. 지식과 정보가 사회구성원들이 목표를 설정하고, 경제적 발전을 이룩하며, 개인의 사회적 행위 등에 핵심적인 요소로 작용한다. 과거 농경사회에서는 토지, 산업사회에서는 자본과 노동력이 부가가치 창출의 원천이었다면 21세기 4차 산업혁명 시대에는 지식과 정보가 그 역할을 하게 된다.

또한 21세기는 디지털 혁명 시대다. 오차가 없을 뿐만 아니라 엄청나게 싼 비용으로 정보를 처리할 수 있는 사이버 문명이 자리 잡고 있다. 디지털 혁명 시대를 주도하는 기술은 인공지능(AI), 로봇, 빅데이터, 사물인터넷(Iot), 3D 프린팅, 공유경제, 드론, 자율주행차(무인자동차), 가상현실, 증강현실, 스마트시티 등이다.

변화는 이미 시작됐다. 30년 전 개봉한 영화 '백투더퓨처'에 나왔던 자율주행차, 3D영화와 프린팅, 벽걸이형 멀티비전, 지문인식, 태블릿PC, 드론 등이 현실이 됐다. 미래에는 인간이 상상하지도 못한 변화들이 나타날지도 모른다. 이것이 바로 인공지능과 4차 산업혁명 기술이고, 우리가 살아가야할 21세기다.

2) 산업혁명 역사와 사회변화

21세기 4차 산업혁명 시대를 이해하기 위해서는 산업혁명의 역사를 알아야한다. 산업혁명은 새로운 기술의 등장과 파괴적 기술혁신으로 사회 · 경제적 변화를 야기한 사건을 말한다. 증기기관의 발명으로 기계적인 장치로 제품을 생산하게 된 1차 산업혁명(1784년), 전기기관의 발명으로 대량생산이 가능해지고 노동력을 절약하게 된 2차 산업혁명

(1870년), 정보통신기술(컴퓨터와 인터넷) 발달로 생산라인이 자동화되고, 사람은 생산라인 점검이나 컨트롤 역할을 하게 된 3차 산업혁명(1969년), 사물인터넷(IoT)과 인공지능으로 대변되는 4차 산업혁명(현재~)까지 산업혁명은 전 세계 산업구조에 큰 반향과 변화를 가져왔다. 1차 산업혁명은 영국을 해가 지지 않는 나라로 만들었고, 2, 3차 산업혁명은 미국을 세계 최강국으로 변모시켰다. 전 세계인이 4차 산업혁명이 어떤 변화를 가져올 지 관심을 가지는 이유가 바로 이것 때문이다.

3) 4차 산업혁명의 정의

4차 산업혁명이라는 용어는 2016년 1월 스위스 다보스에서 열린 '제46회 세계경제포럼'에서 처음 언급됐다. 세계경제포럼은 4차 산업혁명을 "3차 산업혁명을 기반으로 한 디지털과 바이오산업, 물리학 등의 경계를 융합하는 기술혁명"이라고 정의하고 있다. 주목할 점은 전 세계 기업인, 정치인, 경제학자 등 전문가 2천여 명이 모인 세계경제포럼에서 과학기술 분야를 주요 의제로 선택했다는 점이다. 4차 산업혁명이 그만큼 중요하고, 세계적인 추세라는 것을 잘 알 수 있다.

4차 산업혁명은 인공지능(AI), 나노기술, 무선통신, 센서(sensor) 기술 등의 혁신적인 발전을 가져 온다. 4차 산업혁명을 대표하는 기술 몇 가지를 소개하면 다음과 같다.

(1) 인공지능

인공지능(Artificial Intelligence)은 기계가 사람의 지능을 흉내 내는 것이다. 인간의 학습능력, 추론능력, 지각능력, 언어, 이해능력 등을 컴퓨터 프로그램으로 실현하는 기술이다. 컴퓨터는 아주 작은 크기의 화면부터 살펴보면서 그 영역이 점인지, 선인지, 곡선인지, 원인지와 같은 판단을 하고 그 정보를 상위 수준으로 보낸다. 이러한 정보들이 모이고 모여 최종적으로 판단하게 되는데 이 기술을 '딥러닝(deep learning) 기계학습'이라고 한다.

딥러닝 기계학습은 다양한 분야에서 활용할 수 있는데 특히 의료분야에서 각광받고 있다. 환자의 데이터를 컴퓨터에 입력시키면 컴퓨터가 질병 간의 상관관계를 분석하게 하는 것이다. 의사는 홍수같이 많은 데이터들의 상관관계를 모두 분석해낼 수 없지만 컴퓨터는 해낼 수 있다. 의사는 매년 수만 편씩 나오는 논문을 다 읽고 기억할 수 없지만 컴퓨터는 할 수 있기 때문에 컴퓨터가 의사보다 더 정확한 진료를 할 수 있게 된다.

이처럼 21세기에는 인공지능 기술이 놀라운 속도록 발전할 것이다. 인공지능의 성장과 발달은 직업세계에도 지대한 영향을 줄 것으로 전망된다. 사람의 업무를 인공지능이 대체할 가능성이 매우 높아졌다. 단순한 업무뿐만 아니라 진단, 판례, 분석 등에도 인공지능 기술이 활용됨으로써 의사, 법조인 등의 전문직의 역할 변화가 일어날 수 있다. 인간과 인공지능과의 협업이 불가피 할 전망이다.

(2) 무선통신

방 안에 설치된 WIFI 공유기, 건물 옥상에 설치된 이동통신사 3G/LTE 기지국 등이 우리가 많이 사용하고 있는 무선통신이다. 무선이어폰, 무신 스피커, 프린터 등과 통신하는데 사용되는 블루투스(Bluetooth)도 있다. 21세기에는 무선통신 기술이 혁신적으로 발전할 가능성이 매우 높다.

(3) 센서와 나노기술

센서(sensor)는 무게, 온도, 속도 등의 신호를 숫자로 표시해주는 기기다. 저울은 체중을 숫자로 알려주는 일종의 무게센서다.

나노기술(Nano Technology)은 10억분의 1미터 단위의 물질을 합성하고, 조립, 제어하는 기술을 말한다.

최근에는 센서와 컴퓨터, 무선통신을 손톱만한 크기의 칩(chip)에 넣는 기술도 개발되고 있다. 만약 이 칩을 신발 속에 넣어두면 그 안에 있는 센서가 그 사람의 이동경로 등을 체크해서 무선통신으로 보낸다. 그러면 지구촌 어디에서나 그 사람이 어느 위치에서 무엇을 하고 있는지를 알 수 있게 된다.

이 칩을 삼키면 내시경 기능을 하고, 화분에 넣어두면 스마트폰이 물 주는 시간을 알려준다. 아기 기저귀에 부착시키면 기저귀 교체시간을 알려주고, 건설현장 중장비에 부착하면 기계 상태를 컴퓨터로 알려주어 부품이나 기름을 교체할 시기를 미리 알려준다. 미래에는 이러한 수많은 센서들이 유무선 통신과 연결된다. 그래서 21세기를 '초연결사회'라고 부르기도 한다. 이러한 인공지능과 센서 기술 등은 공장의 혁신만 가져오는 것이 아니다. 모든 판례를 컴퓨터에게 넘겨주면 판사마다 다른 판결을 내리는 일이 없어진다. 마찬가지로 보험회사, 의료, 회계, 금융, 언론 등의 업무도 인공지능과 센서 기술이 혁신적으로 바꾸고 도와주게 된다.

4) 미래사회에는 어떤 변화들이 생길까?

4차 산업혁명으로 표현되는 미래사회는 우리 사회와 삶에 어떠한 변화를 불러올까. 전문가들은 1~3차 산업혁명보다 4차 산업혁명이 더 크고 강력한 변화들을 가져올 것이라고 전망하고 있다. 실제로 인공지능(AI), 빅데이터, 첨단로봇 발달, 사물인터넷(IoT), 3D프린팅, 무인 운송, 신소재, 생명공학, 신재생에너지 등 거의 모든 지식정보 분야가 눈부신 속도로 발전을 거듭하고 있다. 우리가 생각하는 것보다 훨씬 빠른 속도로 4차 산업혁명에 따른 변화가 나타나고 있다.

미국 전자상거래 기업 '아마존'은 이미 로봇이 물류작업을 대체하고 있고, 무인운송시스템을 확충하기 위한 팀도 꾸렸다. 생명공학이 발달하면서 노화와 질병, 장애를 극복하고 있다.

3D프린팅 기술이 발달해서 11평짜리 집을 하루 만에 만들어낼 수도 있으며, 신재생에너지(자연상태에서 만들어진 에너지. 태양, 풍력, 수력, 생물자원, 파도 에너지 등)는 지구 환경을 지키고, 자원고갈로 발생할 수 있는 여러 문제와 에너지 수입 의존 정도를 낮춤으로써 에너지 부족 문제를 해결하고 있다.

무인운송수단(드론, 무인자동차, 무인항공기 등)의 발달은 교통사고 및 운행시간, 비용 감소와 더불어 택배의 정시배송도 가능하게 만들고 있다. 아마존의 무인로봇 택배 '프라임에어'는 단돈 1달러를 받고 30분 내에 어느 곳이든 주문한 물건을 배달해 준다. 집 정원이나 아파트 베란다에서도 주문한 물건을 받아볼 수 있게 되었다.

이와 같은 4차 산업혁명은 인간의 삶이 나아지도록 만드는 수준을 뛰어 넘어 혁신 그 자체에 가까울 정도의 변화를 가져다주고 있다. 그 분야가 날마다 늘어나고 있으며 성장속도도 우리의 상상을 초월할 정도로 빨라지고 있다.

(1) 미래사회의 교육

미래사회에서는 다양한 책을 읽게 해서 집중력, 끈기, 언어감각, 어휘력, 문장력, 뇌세포 확장, 지식 저장 공간 확장, 종합적 사고, 상상력, 간접 체험, 문제의식, 창의성 신장 등을 돕는 교육이 실시된다. 창의성 교육도 강조된다. '왜'와 '어떻게'를 강조하는 교육이 바로 창의성 교육이다. 새로운 가치를 창조하고, 문제해결 능력과 현실적 대안 제시 능력을 키워주는 교육이다. 인성교육도 빼놓을 수 없다. 인성교육은 자신의 내면을 바르고 건전하게 가꾸면서 타인과 공동체, 자연과 더불어 사는 데 필요한 성품과 역량을 기르는 것이 목적이다. 생활교육도 병행된다. 생활교육은 팀워크를 중시하고, 공동사고와 협력을 통한 문제 해결 방법을 가르쳐준다. 경청과 동행이 핵심이다.

(2) 직업세계의 변화

21세기 4차 산업혁명이 가져왔고, 가져 올 변화를 가장 먼저 피부로 느낄 수 있는 분야는 직업세계이다.

2013년 옥스퍼드대학의 칼 프레이 베네딕트 교수와 마이클 오스본 교수팀이 발표한 〈고용의 미래〉에 의하면 컴퓨터 기술 발전으로 20년 내에 지금 존재하는 직업의 약 47%가 사라질 가능성이 있다. 사라질 가능성이 가장 높은 직업은 텔레마케터다. 불과 10여 년 전만 해도 텔레마케터는 유망 직종에 속했다.

한때 유망했던 직업이 이제는 사라질 가능성이 가장 높은 직업으로 전락하고 말았다. 지금 초등학교에 입학하는 아이들의 65%가 과거에는 존재하지 않았던 새로운 직종에 일하게 될 것이라는 전망도 있고, 학교교육의 90%가 30년 뒤에는 쓸모가 없다는 주장도 제기되고 있다. 이와 같이 4차 산업혁명은 직업세계를 완전히 바꿔 놓고 있다. 다음세대의 문제가 아니라 지금 당장의 현실로 다가왔다.

단적인 사례가 인천국제공항의 자동출입국심사대다. 예전에는 출입국 심사관이 사람들의 여권을 확인하고 스탬프를 찍었지만, 지금은 자동화 시스템으로 탈바꿈 했다. 컴퓨터가 출입국 심사관의 일을 대신하고 있다. 일처리 속도도 빠르다. 출입국 심사관의 역할은 자동출입국심사대 앞에서 시스템이 원활하게 작동하는지 지켜보는 것뿐이다.

의사도 그렇다. 지난 2016년 국내 병원으로는 처음으로 가천대 길병원에서 인공지능 의사 '왓슨'을 도입해서 암환자 진료를 시작했다.

IBM에서 개발한 왓슨은 온갖 최신 의학지식, 논문 등을 섭렵해서 가장 적절한 진단과 처방을 하고, 약을 조제할 수 있는 단계까지 발전했다. 현재 국내 5개 병원(길병원, 부산대병원, 건양대병원, 대구가톨릭대병원, 계명대 동산병원)에서 왓슨을 도입했고 앞으로 왓슨을 도입하는 병원은 계속 늘어날 전망이다.

미래사회에는 조직 및 근무형태도 변화한다. 효율성을 높이기 위하여 공간적 제약에서 벗어나고, 네트워크 조직이 일반화되며, 수평적인 협력으로 프로젝트에 필요한 전문성을 공급할 것이다. 자율성도 보장될 것이다. 소수의 핵심인력, 다수의 시간제근로자, 하도급 인력으로 구성된 인력을 정규직으로 고용하여 조직의 핵심 업무를 맡기고, 비핵심적 기능인 계약직이나 임시직으로 활용하는 형태로 직업세계의 환경변화에 빠르게 적응하고 구성원의 창의성을 최대한 발휘할 수 있도록 변화할 전망이다.

(3) 미래사회 유망직업

미래사회에서는 컴퓨터, 첨단과학, 보건, 의료, 복지, 문화 관련 직업이 유망 직종으로 꼽히고 있다. 컴퓨터, 시스템공학, 전기 · 전자공학, 반도체공학 등 공학 계열을 전공하는 것도 좋지만, 디자이너들과 원활하게 의사소통할 수 있는 능력도 필요하다. 혁신적인 아이디어를 생각해낼 수 있는 창의력과 소비자의 성향을 잘 파악하고 사회 변화의 흐름을 읽어낼 수 있는 분석력과 통찰력을 가지는 것이 매우 중요하다. 미래에 유망한 직업을 소개하면 다음과 같다.

① 컴퓨터 프로그램 개발자

컴퓨터 관련 산업은 미래사회에서도 계속 성장할 것으로 예상된다. 이에 따라 컴퓨터 관련 직업 또한 발전가능성이 상당히 높다. 웹마스터, 정보보호 전문가, 전자상거래 전문가 등이 컴퓨터 관련 유망 직종이다.

② 스마트의류 및 착용로봇 개발자

스마트의류는 웨어러블 디바이스(몸에 착용하는 정보통신 기기) 의 한 종류이다. 스마트의류 개발자는 휴대용 전자기기를 단순히 옷에 부착하는 것뿐만 아니라 옷에 프로그램을 이식하는 방법까지 연구한다.

누구나 한번쯤 영화 아이언맨의 주인공이 되는 상상해볼 수 있다. 이것을 실현 시키는 직업이 바로 착용로봇 개발자다. 영화 속에서 로봇을 착용하는 기술이 미래에는 산업이나 소비자에게 직접 적용된다. 무거운 물건을 옮기는 사람들이나 몸이 불편한 사람들이 직접 착용을 하게 될 경우 편리함을 더 할 수 있다.

③ 드론 운항 관리사

드론 운항 관리사는 비행기의 이 · 착륙 시간이나 항로를 담당하는 항공관제사와 같은 역할을 한다. 미래의 드론은 사람이 조종하는 것이 아니라 기계가 제어하기 때문에 드론 운항 관리사는 혹시 모를 위험에 대비하는 역할을 하게 될 것이다.

④ 사물인터넷 전문가

사물 인터넷은 세상 모든 물건에 통신 기능을 장착하는 기술이다. 사물인터넷 전문가는 사물에 컴퓨터 칩과 통신 기능을 내장하여 인터넷에 연결하는 기술을 적용하는 서비스를 기획하고 제품을 개발하는 일을 한다.

⑤ 빅데이터 전문가

빅 데이터(big data) 전문가는 데이터로부터 가치를 추출하고 결과를 분석하는 기술이다. 빅데이터를 수집·저장 및 처리하고, 플랫폼 개발·

분석해서 의미 있는 결과를 제공하는 직업이다. 정치, 사회, 경제, 문화, 과학 기술 등 모든 영역에 걸쳐 가치 있는 모든 정보를 제공할 수 있다.

⑥ 인공지능전문가

인공지능전문가는 컴퓨터와 로봇 등이 인간과 같이 사고하고 의사결정을 할 수 있는 기술을 개발하는 일을 한다. 새로운 지식을 학습하고 추론하는 기술을 개발하기도 한다. 사용자의 의도를 파악하고 감성 교류를 추구하는 심층 질의응답이 가능한 지능형 인공지능을 만들어내는 직업이다.

⑦ 가상현실전문가

가상현실전문가는 3차원모델링(3D) 및 가상현실모델링언어(VRML) 등의 기술을 이용해서 가상의 시공간에서 가상시스템을 개발한다. 거시적인 안목과 분석력, 창의력, 공간 지각력이 요구되며 가상의 시공간에 대한 폭넓은 응용력이 필요하다. 협동심과 원만한 대인관계도 필요하다.

⑧ 로봇윤리학자

미래사회에서는 로봇이 인간의 일상생활 속으로 들어오면서 더 높은 윤리개념과 규범인식이 필요해진다. 로봇과 관련해 발생할 수 있는 윤리적인 문제에 대비하고 해결하기 위한 규범이 바로 로봇윤리이고, 이러한 윤리를 연구하고 개발하는 사람들이 로봇윤리학자다.

⑨ 스마트팜 구축가

기술이 발달하면서 농업도 '스마트 팜'으로 변모해가고 있다. 인제 어디에서든 스마트폰과 컴퓨터만 있으면 작물이 자라는 환경을 최적으로 관리할 수 있는 기술이다. 작업 편리성이 높아지고 생산성과 품질 향상 등의 효과도 낸다.

⑩ 동물매개치료사

동물매개치료사는 몸과 마음에 상처가 있는 사람들이 반려동물과 상호작용을 하면서 정신적, 신체적, 사회적 기능을 회복하도록 돕는 일을 한다. 장애인, 독거노인, 치매노인들에게 반려동물들이 즐거움과 도움을 줄 수 있도록 동물들을 훈련시키고, 동물매개치료 활동을 계획하고 진행하는 직업이다.

⑪ 감정노동상담사

감정노동상담사는 감정노동을 수행하면서 겪는 신체적, 정서적, 행동적 외상으로 고통을 호소하거나 심각한 스트레스 상황에 처한 노동자를 대상으로 심리검사, 상담 프로그램 등을 활용해서 문제를 해결하도록 돕는 직업이다.

이외에도 생물체의 특성을 연구하는 생명공학자나 미사일, 로켓, 인공위성 같은 비행기를 연구·개발하는 항공우주공학기술자, 생활을 편리하게 해주는 로봇을 개발하는 연구원 등이 미래사회에 각광 받는 직종이 될 전망이다. 또 의학기술 발달과 저출산의 영향으로 우리나라의 고령화는 더욱 심화될 것으로 전망된다. 노인인구의 증가와 생활수준 향상에 따라 의료서비스와 복지 서비스의 요구가 지금보다 훨씬 증대될 것이다. 이에 따라 미래사회에서는 보건, 의료, 복지 관련 직업이 중요한 역할을 수행할 것으로 예상된다.

5) 미래사회 내다보기

4차 산업혁명에 대한 사람들의 우려와 기대가 교차되고 있다. 어떤 사람들은 4차 산업혁명을 기대하고 있지만 또 어떤 사람들이 갑작스러운 변화에 불안을 느끼고 있다.

언론진흥재단이 우리나라 국민 1,041명을 대상으로 조사한 '4차 산업혁명에 대한 국민인식(2017)'에 따르면 "4차 산업혁명이 내 일자리를 위협할 것"이라는 응답이 76.5%로 "그렇지 않다"고 대답한 23.5% 보다 3배나 높았다. 국민 4명 중 3명이 4차 산업혁명이 일자리 위협을 가져올 것이라고 불안을 느끼고 있는 셈이다. 물론 "4차 산업혁명이 경제 신성장

동력이 될 것"이라는 응답과 "인류에게 혜택을 줄 것"이라는 응답도 82.6%(복수응답 가능)나 됐다.

4차 산업혁명 시대를 대비하기 위해서는 창의력 교육(31.3%), 컴퓨터 공학(26.1%), 공학(18.2%), 인문학(11%) 등이 필요할 것이라고 생각했고, 4차 산업혁명으로 제조업 근로자(63.7%), 은행원(41.2%), 사무직 근로자(29%), 택배 및 배달 기사(22.9%) 등 단순노동 형태의 직종이 위협을 받을 것이라고 예측했다. 연예인(0.8%), 작가(1.6%), 기자(2.2%) 등 창의성이 요구되는 직군의 위험성은 낮을 것으로 느끼고 있었다. 대다수 사람들이 창의력은 인간의 고유영역이기 때문에 기계와 로봇이 내제할 수 없다고 생각하고 있었다.

4차 산업혁명은 1차 산업혁명과 많은 면에서 닮아 있다. 1차 산업혁명으로 생산방식이 수동생산에서 대량생산으로 옮겨가면서 수백만 명이 일자리를 잃었다. 당시 사람들도 새로운 일자리가 창출될 때까지 몹시 두려워했고 사회적 혼란도 있었다. 그렇다고 4차 산업혁명을 앞두고 너무 두려움에 떨고 있을 필요는 없다. 4차 산업혁명이라는 무궁무진한 기회가 우리 앞에 펼쳐지기 때문이다. 무엇보다 로봇이 대체할 수 없는 인간 고유의 업무와 능력이 있다.

아마존이 창고 작업의 상당 부분을 로봇에게 맡겼고, 자율주행차 등장으로 수백만 명의 운전자들의 일자리를 잃을 것이며, 인공지능 로봇이 의사들을 대신할 수 있겠지만 마케팅, 경영, 전략, 첨단 기술과 같은 독창적인 분야까지 대체하지는 못한다. 뿐만 아니라 인공지능을 원활하게 쓰기 위해서는 인간의 창의력 같은 고도의 기능은 물론 모니터링(관리)처럼 단순한 기능까지 두루 갖춘 능력이 필요하기 때문이다. 단적인 예가 2016년 전 세계인의 이목을 집중시켰던 프로바둑 기사 이세돌 9단과 알파고의 세기의 바둑대결이다. 알파고의 대승으로 끝났지만 프로기사도 못 이긴 알파고를 일반인이 쉽게 이길 수 있는 방법이 있다.

가로세로 18칸인 현재의 바둑판에 한 줄만 더 그어 규격을 변경하면 그만이다. 인간은 변화하는 상황에 탄력적으로 적응할 수 있지만 인공지능은 거기서부터 또 인간이 연구하고 노력해서 바꿔주지 않으면 주어진 패턴대로만 움직이기 때문이다.

4차 산업혁명이라는 새로운 혁명이 다가오고 있다. 미래사회는 지금과 다를 것이고 달라져야만 한다. 이 변화에 적응하지 않으면 도태되고 만다. 그래서 지금부터 빠르게 적응하고, 대비하는 노력을 해야만 한다.

6) 21세기가 요구하는 인재

21세기에는 멀티플레이어를 요구하는 시대다. 한 가지 분야 지식만이 아니라 몇 가지 분야의 전문지식을 융합하는 시대이다. 이러한 시대의 변화에 발맞춰 21세기에 걸맞은 인재는 다방면에서 뛰어나야한다.

미래사회에서는 인간의 감성과 관련된 욕구를 디자인에 접목한 감성

디자인이 더욱 확산되고, 해외 인재들과 취업 경쟁이 심화될 수 있으며, 의료 및 복지 관련 직업 종사자의 증가할 것이다. 홈스쿨, 가상학교 등이 확산되면서 학교와 교사의 역할이 변화되고, 여성의 욕구를 충족시키기 위한 다양한 직업도 탄생할 것이다. 또한 생산자와 소비자가 직접 거래하면서 중간상인이 사라지고 전통적인 전문직에 종사자 수가 늘어나면서 영향력이 퇴조될 전망이다. 이외에도 시대의 변화에 따라 새로운 직종이 생겨날 것이다.

또한 미래사회에서는 언어능력보다 의사소통, 지식보다 지혜, 암기력보다 이해력, 매뉴얼보다 창의력이 경쟁력이 있을 것이다. 사회가 요구하는 인재상도 많이 달라질 것이다. 무엇인가를 잘 아는 것도 중요하지만 그것보다 사람을 잘 이해하는 능력을 갖춘 사람이 더 높은 경쟁력이 있는 인재가 될 것이다. 사람을 이해한다는 것은 심리, 역사, 철학, 성향, 정서와 감정, 감성까지 이해하는 능력을 포함한다(최윤식, 2014).

많은 사람들이 4차 산업혁명 시대를 앞두고 이공계열이 주목받을 거라고 예측하고 있는데 섣부른 판단은 금물이다. 미래사회에서 요구되는 인재는 산업에 필요한 지식과 정보통신기술(ICT), 소프트웨어 개발 능력만이 아니기 때문이다. 지식이나 기술은 얼마든지 다른 사람이나 로봇의 도움을 받을 수 있지만 인문학적 상상력과 인간 심리에 대한 이해 등은 사람을 대체할 수 없다. 인문학적 상상력과 인간 심리와 성품 등이 4차 산업혁명 시대에 더욱 필요한 역량일 수 있다.

미래인재가 보유해야 하는 역량은 '다섯 가지 미래교육 코드'를 인용해서 설명할 수 있다(김지영, 2017).

(1) 자기력

자기력은 자신에 대한 이해와 긍정성을 바탕으로 스스로의 장점을 활용할 수 있는 능력이다. 자기력이 튼튼할수록 불확실성이 다분한 시대에 자기가 하고 싶은 일을 찾거나 새로운 일에 도전할 수 있다. 그래서 미래의 자녀교육은 자기력을 키워주는 것이 매우 중요하다. 자기력이야말로 정체성을 가지고 미래사회를 살아갈 수 있는 핵심역량이다.

(2) 인간력

로봇이 인간의 노동력을 대신하더라도 인간적인 사고와 감성은 대체할 수 없다. 그렇기 때문에 감성을 가진 인간으로써의 매력을 갖추는 것이 필요하다. 미래의 직업세계에서 로봇으로 대체할 수 없는 직업은 대부분 인간의 감성을 필요로 하는 직업들이다.

(3) 창의융합력

미래사회에서 요구하는 인재는 다양한 방식으로 융합하고, 창의적으로 사고하는 능력이 반드시 필요하다. 이러한 능력을 '창의융합력'이라고 하는데 디자인적 사고(Design Thinking)를 통해 키울 수 있다. 어떤 문제를 해결하기 위한 양자택일 방식을 선택하는 것이 아니라, 두 가지 대안의 장점을 통합해서 제3의 대안을 창조해내는 방식이나 능력을 의미한다.

(4) 협업력

미래사회에서는 '똑똑한 나' 보다 '똑똑한 우리'를 원한다. 과거에는 수월성 교육을 추구했지만 미래사회에서는 개인이 가지고 있는 다양한 개성과 능력을 어떻게 결합하고, 협업해서 문제를 해결하느냐를 중요하게 보고 교육한다. 따라서 시너지 효과를 발휘할 수 있도록 돕는 협업력을 갖춘 인재가 진정한 미래의 인재라고 할 수 있다.

(5) 평생배움력

사회변화 속도가 빨라졌다는 것은 그 속도에 맞춰 변화하고 학습할 수 있는 능력이 필요하다는 것을 의미한다. 새로운 지식과 기술의 출현은 변화에 대한 적응력을 요구하는데 이 때 필요한 역량이 바로 '학습능력'이다.

미래사회에서는 공부를 잘 하는 아이보다 배움을 즐기는 아이로 키워야 한다. 자신이 좋아하는 분야에 몰입하는 경험을 제공해야 한다. 미래사회에서 배움은 평생 동안 이어지기 때문이다.

미래사회가 요구하는 인재 'S.M.A.R.T'	
Sense	직관적 통찰력, 훈련된 통찰력
Method	종합·분석적 사고, 체계적 업무처리능력
Art	숙련된 지식, 예술적 상상력
Relationship	네트워크, 집단지성, 인격(성품), 커뮤니케이션능력, 공감능력
Technology	하드웨어/소프트웨어 활용능력, 기술지능

7) 21세기 4차 산업혁명을 맞이하는 우리의 자세

4차 산업혁명은 직업의 경계를 허물고 있다. 지난해 불거졌던 일명 '복덕방 변호사' 사건이 이를 잘 설명해 준다. 이 사건은 변호사가 부동산 중개업을 개업하자 공인중개사들이 중개사 자격증 없이 부동산 거래를 중개하는 것은 공인중개사법 위반이며, 공인중개사 업무 영역 침해이자, 골목상권 침해라고 변호사를 비난했다. 이에 1심 법원은 법적으로 전혀 문제가 없다는 판결을 내리고 변호사의 손을 들어주었다. 그동안 부동산 중개 업무는 변호사들이 거들떠도 보지 않았던 영역이었다. 그러나 인공지능 기술 발달로 컴퓨터에게 일자리를 빼앗기고, 우리나라의 경제의 저성장 기조가 지속되면서 일거리가 부족해졌기 때문에 이와 같은 일이 벌어진 것이다. 앞으로는 이러한 전문직의 하향 이동이 더욱 뚜렷해질 전망이다. 일의 성격과 경계가 완전히 무너지고 있는 것이다.

뿐만 아니라 부의 불평등과 사회 양극화 현상도 야기할 수 있다. 1차 산업혁명으로 생산성이 증가되면서 부의 증가를 가져왔지만 3차 산업혁명 이후 부의 증가가 합리적으로 배분되지 않고 소수의 집단에게만 집중되었다.

오늘날 전 세계 1%의 부유층이 전 세계 부의 50% 이상을 차지하고 있다는 사실만 봐도 부의 쏠림현상이 얼마나 심각한지 잘 보여주고 있다. 문제는 이와 같은 양극화 현상이 4차 산업혁명 이후 더욱 심해질 수 있다는 점이다. 4차 산업혁명은 3차 산업혁명의 연장선상에 있기 때문에 3차 산업혁명을 성공적으로 이끈 선진국들이 더욱 유리할 수밖에 없다는 추론이다.

4차 산업혁명은 우리 사회의 전반적인 풍경을 빠르게 변화시키고 있다. 몇 십 년 혹은 몇 백 년 이후의 일이 아니다. 지금 이 시간에 벌어지고 있는 변화들이다. 그런데 아직도 과거의 패러다임에서 벗어나지 못하는 사람들이 있다. 아직도 많은 부모들이 과거와 같은 방향으로 자녀들을 교육시키려 한다. 엄청난 사교육비를 들여 자녀를 좋은 대학에 보내고, 의사나 변호사등 전문직 직업을 갖게 하면 성공한다고 생각하고 있다. 이와 같은 낡고 편협한 가치관은 미래사회를 살아갈 자녀들에게 크나큰 위기를 불러 올 수 있다. 격변하는 사회에서 살아남기 위해서는 학벌, 학점, 자격증, 어학점수 등의 정형화된 스펙보다 의사소통 능력, 인성, 창의적인 문제해결능력이 더 필요하다는 것을 명심해야 한다.

8) 4차 산업혁명이 던지는 과제

4차 산업혁명은 핑크빛 전망만 가져다주는 것일까. 세계경제포럼 창립자이자 회장 클라우스 슈밥은 저서 〈제4차 산업혁명〉에서 4차 산업혁명의 긍정적 영향력과 동시에 인간이 노동에서 소외되고, 부의 불평등, 사회의 양극화 현상이 더욱 극심해질 것이라는 부정적 영향도 제시했다.

과거 산업혁명과 21세기 4차 산업혁명은 여러 면에서 다르다. 대표적인 차이는 변화 속도다. 산업혁명은 100~200년에 걸쳐 서서히 사회를 변화시켰지만 4차 산업혁명은 그 속도가 매우 빠르다. 기술발전 속도도 차이가 난다. 변화가 빠르면 그에 따른 문제가 발생할 가능성이 그만큼 높아진다. 변화하는 사회에 적응하는 사람이 있고 그렇지 못한 사람들도 있을 것이다. 양극화가 더욱 심화될 것이다. 개인 간 격차와 더불어 지역 간에도 격차가 벌어질 수 있다.

(1) 일자리 문제

기술이 발전하면 일자리가 사라지기도 하고 새로운 일자리가 생겨난다. 이것은 역사적 사실이다. 문제는 새로 생겨나는 일자리와 사라지는 일자리 수의 차이다. 일자리를 잃게 되는 사람이 새로운 일자리로 옮겨갈 수 있는지도 중요한 문제이다.

과거 산업혁명 시대에 사라진 일자리는 단순노동이었기 때문에 재교육을 통해 새 일자리로 옮겨가는 것이 비교적 용이했다. 그러나 4차 산업혁명으로 사라지는 일자리들은 의사, 법관 등 고급 일자리가 포함된다. 4차 산업혁명에 따른 고급 일자리 소유자들의 대량실업은 심각한 사회문제가 될 수 있다.

(2) 파편화

21세기는 정보의 홍수시대다. 넘쳐나는 정보가 사회를 파편화 시킬 위험이 있다. 과거에는 모든 국민이 라디오와 텔레비전으로부터 획일적인 콘텐츠를 공급받았다. 그러나 지금은 정보가 넘쳐나는 시대다. 자신의 구미에 맞는 정보만 선택적으로 소비하게 되었다. 각자 다른 뉴스를 보고, 다른 커뮤니티에 참여하고, 다른 정보를 소비하고 있다. 그 사람의 나이, 성별, 직업, 전공, 종교 등에 따라 원하는 정보가 달라진다. 이러한 경향이 지속되면서 사람들 간의 동질성은 사라지고 사회가 파편화될 가능성이 있다.

(3) 균등한 기회

농경사회에서는 땅을 많이 가진 사람이, 산업사회에서는 노동력과 자본을 가진 사람이 유리했지만 4차 산업혁명 시대에는 누구에게나 기회가 있다. 공평한 시대다. PC, 스마트폰, 인터넷만 있으면 누구나 동일한 조건에서 경쟁할 수 있다. 그러나 4차 산업혁명 시대는 더욱 불공평한 시대일 것이라는 주장도 있다. 소프트웨어의 경우는 역공학이 거의 불가능하기 때문에 4차 산업혁명 시대의 후발주자들이 선발주자를 따라잡는 것은 더욱 힘들어진다는 것이다. 이에 대한 대비가 필요하다.

(4)윤리적 딜레마

4차 산업혁명은 윤리적, 도의적, 종교적 딜레마를 안고 있다. 대표적인 사례가 '디자이너 베이비'다. 디자이너 베이비는 유전자 조작으로 부모가 원하는 외모, 체력, 지능을 인공적으로 갖춘 주문형 아기를 말한다. 지능이 뛰어나거나, 탁월한 운동능력이 있거나, 치명적인 질병에 대한 저항력이 있는 맞춤형 아이 생산이 가능해진다는 것을 의미한다. 유명한 SF만화영화 '기동전사 건담 SEED'(2002년 작)의 남자 주인공이 바로 우월한 유전자를 조작해서 태어난 디자이너 베이비였다. 질병을 정복하고 생명을 연장시키는 수준을 뛰어 넘어 그야말로 '인간 창조'를 목전에 두고 있다. 이러한 측면에서 4차 산업혁명은 생명윤리, 도의적 책임, 종교적 논쟁이라는 도전을 받을 수밖에 없다.

자율주행차도 윤리적 딜레마를 안고 있다. 자율주행차는 각종 센서들이 입수한 정보들을 인공지능이 순식간에 처리해서 가장 객관적인 판단을 하는 시스템이다. 그럼데 자율주행바동차가 도로를 달리고 있는데 갑자기 사람 열 명이 나타난 상황을 가정해보자. 그대로 가면 사람 열명이 모두 죽고, 그 사람들을 피하기 위해 핸들을 꺾으면 벽에 부딪혀서 운전자가 죽는 상황이다. 이 때 자율주행차의 인공지능이 공리주의적 판단을 한다면 보행자 열 명을 살리고 운전자가 희생될 것이다. 그런데 이 결정의 옳고 그름을 누가 판단할 수 있을까. 자율주행차가 자기희생 모드와 자기보호 모드(이 경우 보행자 사망) 중 어떤 결정을 내려야 할지의 주체는 누가 돼야 할까? 정부가 지침을 내려야 할까? 업계 자율에 맡겨야 할까? 운전자가 버튼을 눌러 선택하도록 해야 할까? 결코 간단한 문제가 아니다.

행복 설계하기

1) 행복 설계를 위한 예비 작업

(1) 행복을 묻는 질문

전반적으로 요즘 당신의 삶에 얼마나 만족하고 있습니까?
전반적으로 당신이 하고 있는 일들이 얼마나 보람 있다고 느낍니까?
전반적으로 어제 얼마나 행복을 느꼈습니까?
전반적으로 어제 얼마나 불안을 느꼈습니까?

(2) 나는 어떤 사람인가?

① 미래의 행복을 위해서 현재의 즐거움을 희생하는 성취주의자
② 현재의 쾌락을 위해 고통을 회피하는 쾌락주의자
③ 인생에는 아무런 의미가 없다며 '학습된 무기력 ' 에 빠져 삶을 체념한 허무주의자
④ 현재와 미래를 위해 성공과 행복과 의미를 동시에 추구하는 행복주의자

2) 행복을 결정하라

(1) 자기 자신의 피드백에 주의를 기울여라

❖ 나에게 즐거움과 목적의식을 가장 많이 느끼게 해 주는 것은 무엇인가? 내 삶 속에서 즐거움과 목적의식을 가져다주는 것과 그렇지 않은 것에 대한 직접적인 '피드백' 에 주의를 기울이고, 이 정보를 통해 미래의 행복을 예상할 줄 알아야 한다.

① 행복을 두드러지게 만들기
행복에 주목하려면 그것을 더욱 두드러지게 만들어야 한다. 행복의 생산 과정에 투입되는 요소들에 좀 더 주의를 기울여 거기에서 느껴지는 자신의 감정이 어떠한 것인지 인식해야 한다. 경험에 대한 자기 자신의 피드백에 집중하면서 행복이라는 목표에서 눈을 떼지 않는 것이 중요하다.

② 시간 재구성하기

일상 재구성법을 실행해 보면, 자신이 시간을 어떻게 사용하고 있는지 파악할 수 있다. 또한, 자신이 한동안 몰입해온 활동의 즐거움이나 목적의식에 길들여졌는지, 얼마나 길들여졌는지에 대한 직접적인 증거와 자신의 평가를 대비해 볼 수 있다. '자신을 위해' 결정한 일들에 얼마만큼의 시간을 할애하고 있는지, '자신이' 결정한 일들에 얼마만큼의 시간을 사용하고 있는지 확인해 보라.

(2) 타인의 피드백에 주의를 기울여라

① 타인의 경험을 참조한다.

대니얼 길버트 Daniel Gilbert(2006)는 자기 마음대로 예측하기보다는 나와 비슷한 다른 사람의 경험을 참조하면 어떤 사건이 자신에 미칠 영향을 좀 더 명확히 알 수 있다고 하였다. 단, 자신과 성향이 비슷하여 비슷한 경험을 할 확률이 높은 사람들 택해야 한다.

② 다른 사람에게 물어보라.

자신의 행복에 주요한 문제에 관해 다른 사람의 조언을 구하는 것은 매우 유용하다. 주변 사람들은 더 장기적인 관점에서 볼 줄 알고 나의 결정이 행복에 미칠 영향을 좀 더 정확하게 파악하게 해 준다.

(3) 결정함으로써 더 행복해지기

❖ 무엇에 주의를 기울이고 무엇을 하느냐가 우리의 감정에 영향을 미친다. 따라서 자신의 결정이 행복을 가져오는지 아닌지에 대한 피드백을 좀 더 정확히 관찰할 수 있다면, 자신을 더 행복하게 만들어주는 결정을 더 많이 할 수 있게 될 것이다.

3) 행복을 설계하라

❖ 무의식적 주의를 잘 사용하여 더 행복해질 수 있는 방향으로 우리의 삶을 만들어 가는 방법에 초점을 맞춰보자. 여기에서 중요한 것은 정황과 맥락이다. 행동을 특정한 방향으로 유도하기 원한다면 그 행동을 하기 쉽도록 만들어주어야 한다.

(1) 예비 작업

무의식적 행동을 변화시킬 수 있도록 환경을 설계하라.

ex) 살을 빼고자 한다면 밥그릇을 작은 것으로 바꿔라. 크기와 상관없이 꽉 채우고자 하는 것이 우리의 본능이다.

(2) 기본설정

기본설정은 수동적인 약속이다. 더 행복해지기 위해서는 자연스러운 흐름에 몸을 맡겨도 행복해질 수 있도록 조정하는 과정이 필요하다.

ex) 지출을 줄여 저축을 늘리고 싶다면 예산을 초과하거나 통장 잔액이 줄어들 때마다 전화로 경고음을 보내주는 온라인 가계부 프로그램을 사용한다.

(3) 약속

우리는 공개적으로 한 약속을 지키려는 경향이 있다. 중요한 것은 정말로 자신을 더 행복하게 해줄, 그리고 설사 지키지 못해도 지나치게 괴롭지 않을 일을 약속하는 것이다. 어떤 형태의 약속이든 작은 변화부터 시작하고, 자신을 너무 압박하지 않아야 한다.

전체목표	'작은' 목표	'지금 당장의' 목표
새로운 친구 사귀기	새로운 사람 만날 수 있는 행사에 감석하기	새로 알게된 친구에게 전화하기

(4) 사회 규범

정보, 기술, 미디어 시대에 살고 있는 우리는 다른 사람들의 경험을 통해 많은 것을 배운다. 여행지나 식당, 숙소 등을 예약할 때 사람들의 평점을 참고하는 것처럼, 우리는 어느 정도 다른 사람들의 판단을 신뢰한다. 주변 사람들이 우리에게 미치는 영향은 생각보다 훨씬 크기에, 나와 가까이 하는 사람들이 즐거움을 추구하는지, 목적의식을 추구하는지, 균형 잡힌 사람인지 자문해 보는 것이 필요하다. 올바른 준거집단을 선택하라.

(5) 설계함으로 더 행복해지기
바꾸고 싶은 행동이 있다면, 작은 노력을 기울여보자.

설계요소	바꿀 행동1 독서량 늘리기	바꿀 행동2
예비 작업	집의 모든 방에 책 가져다 놓기	
기본 설정	인터넷 홈페이지를 서평 웹사이트로 설정하기	
약속	친구와 도서관에 갈 약속 잡기	
사회 규범	책 읽고 비평하는 페이스북 그룹에 가입하기	

4) 행복을 행하라

❖ 무의식적 주의를 잘 사용하여 더 행복해질 수 있는 방향으로 우리의 삶을 만들어 가는 방법에 초점을 맞춰보자. 여기에서 중요한 것은 정황과 맥락이다. 행동을 특정한 방향으로 유도하기 원한다면 그 행동을 하기 쉽도록 만들어주어야 한다.

(1) 지금 하고 있는 일에 집중하라.

① 경험적 소비
경험에 주의를 기울임으로 더 행복할 수 있다면, 좋은 경험에 돈을 써야 한다.

② 주의를 일깨우기
어떤 즐거운(의미있는) 활동을 하다가 그로 인한 행복이 줄어들기 시작하면 곧장 목적의식(즐거움)을 느낄 수 있는 다른 활동으로 옮겨가라는 것이다.

③ 음악과 유머의 효과

④ 마음챙김 명상

(2) 함께하고 있는 사람에게 집중하라

좋아하는 사람과 더 많은 시간을 보내도록 하라.

(3) 한눈 팔지 마라

❖ 주의를 잘 할당하는 사람은 최대의 행복을 느낀다. 그러나, 대부분의 사람들이 현재의 경험에 계속 집중하지 못하고 한눈을 팔게 된다. 원하지 않지만 우연히 떠오르는 침투적 사고같은 내적 방해나 사람들이나 이메일, 카톡 알림음 같은 외적 자극 때문에 주의가 흐트러진다. 반면에 휴식은 우리가 선택하는 것으로, 적절한 휴식은 창의성을 높여준다.

나는 무엇 때문에 주의가 흐트러지는지, 현재의 경험에 집중하는 것을 방해하는 요소들을 생각해 보자.

(4) 행함으로써 더 행복해지기

❖ 좋은 경험과 좋은 사람들에게 집중하면 더 행복해지는 사실을 모르는 사람은 없을 것이다. 그러나 이 분명한 방법을 실천하지 않고 있는 것이다. 물건보다 경험을 더 많이 소비하고, 즐거운 활동과 목적 있는 활동을 번갈아 하고, 음악을 듣는다. 컴퓨터나 휴대 전화 사용시간을 줄여나가고, 한 번에 한 가지 일에만 집중하고, 끊임없이 SNS를 확인하는 습관을 버려야 한다.

행복이란 무엇일까요? 행복의 키워드를 적어 봅시다.

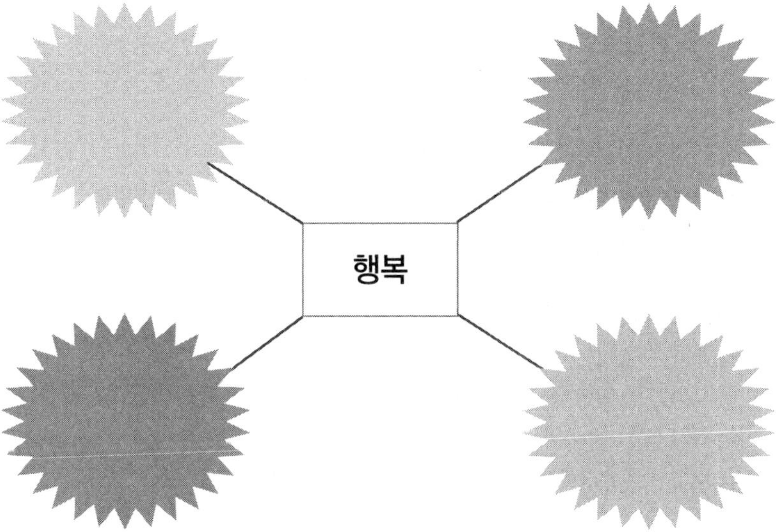

무엇을 빼고 무엇을 더하면 행복이 요리 될까요?
나만의 레시피로 행복을 요리해 봅시다.

빼기	더하기

나의 생각 : 행복이란

행복

읽기 자료 1.

행복과 불행 중 무엇을 그릴 것인가

과거에 일어난 일은 당신이 바꿀 수 없다.
다른 사람 또한 당신이 바꿀 수 없다.
그러나 현재와 미래, 당신 자신은 얼마든지 바꿀 수 있다.

세상사 모든 일은 마음먹기에 달려 있다.
슬프고 짜증나는 일도 시각을 조금만 바꾸면
긍정적이고 희망적으로 다가온다.
어차피 닥친 상황이고 헤쳐 나가야 할 일이라면,
긍정적으로 수용하고 적극적으로 행동해야 한다.

우리는 화가와 같다.
행복이란 이름의 그림을 그릴 것인지
불행의 그림을 그릴 것인지는 내가 선택하는 것이다.

김정민(2015). 오늘, 행복을 쓰다. 서울: 북로그 컴퍼니.

일생에 한번 있을까 말까 한 큰 행운보다는,
날마다 일어나는 소소한 편안함과 기쁨에서
행복은 더 많이 찾을 수 있다.

\- 벤자민 프랭클린 -

읽기 자료 2.

〈2045년 일상의 가상 시나리오〉

*기상-스마트하우스의 풍경

새벽 6시, 적당한 음량의 알람과 밝은 조명이 수면을 깨운다. 내 생활 패턴을 인지하고 있는 스마트하우스의 인공지능이 출근에 맞춰 깨워주기 때문에 알람을 따로 맞춰놓을 필요가 없다. 또 완전히 기상했음을 확인하면 알아서 알람이 꺼지기 때문에 내가 굳이 끌 필요도 없다.

*아침식사-3D 음식프린터

대충 세수하고 나오니 아침식사가 완성되어 있다. 아침은 대개 토스트, 튜브 푸드, 혹은 소일런트 같은 영양식 가루를 타서 마신다. 주방의 3D 음식프린터에는 세계 각국의 요리사들이 제공한 무료 레시피가 저장되어 있어 그날그날 기분에 따라 음식을 골라 먹을 수 있다. 주방이라고 해도 3D 프린터만으로 거의 모든 요리를 할 수 있기 때문에 조리기구들이 사라져서 과거의 절반도 되지 않는 규모다.

*아침시간-지구온난화, 바이오컴퓨터

식사를 하면서 TV를 켜자, 한쪽 벽면에 3D 영상이 재현되었다. 뉴스를 보는데 문자 메시지가 왔다고 왼쪽 팔에 신호가 왔다. 2007년에 애플에서 아이폰을 출시한 이래, 스마트폰은 인류의 삶을 바꿨다. 하지만 고령화되는 인구가 자주 분실하는 등 오히려 정보관리에 문제가 되자, 스마트폰은 점차 구글 글래스와 같은 웨어러블 컴퓨터 형태로 변형되었다. 그러다가 마침내 2013년 팀 캐논이라는 해커가 시르카디아 1.0을 팔에 이식하면서 바이오컴퓨터의 시대가 시작되었다.

*출근 준비-나노 섬유의 스마트 의류

설거지를 로봇에게 맡기고 출근 준비를 위해 옷장을 열었다. 봄과 가을이 거의 없어진 탓에 여름옷과 겨울옷만 한 가득이다. 이 옷들 가운데 백화점에서 직접

쇼핑한 것은 거의 없다. 절반은 벽에 걸린 3D 프린터로 프린트한 옷이다. 디자인은 인터넷에서 구입하고 바디스캔 프로그램을 통해 신체 사이즈를 재면 맞춤옷처럼 딱 들어맞는 옷을 입을 수 있다. 인터넷에서 상상 이상의 다양한 디자인이 판매되고 있는 데다, 색깔과 길이 등 세부적인 것을 구매자가 조절할 수 있기 때문에 똑같은 옷을 입어서 창피를 당할 일이 없다.

***출근-공유경제와 무인차**

8시에 정확히 집을 나서니 무인자동차가 집 앞에 세워져 있다. 카셰어링을 통해 주변 사람들과 함께 사용하는 차로, 내 출근시간에 맞춘 인공지능으로 우리 집 앞까지 운전해온 것이다. 물론 회사까지도 인공지능 로봇이 대신 운전해준다. 그 사이, 나는 오늘 해야 할 일들을 살펴보고 부족한 잠을 채우기 위해 잠깐 눈을 붙인다. 자동차는 나를 회사에 내려주고 바로 다음 사용자를 위해 이동하거나 자리가 있는 주차장으로 갈 것이다. 도심에는 주차공간이 거의 사라져 자동차를 소유하는 사람도 거의 없다.

***업무1-시간제 근무**

요즘 내가 하고 있는 프로젝트는 세 가지다. 그중 첫 번째는 최근에 시작된 프로젝트로, 기간은 한 달이다. 여기서 3시간 업무를 본 뒤에 두 번째 직장에서 화상회의를 진행한다. 마지막 프로젝트는 스마트 워킹, 즉 재택근무로 진행한다.

***귀가-태양광 에너지**

두 개의 프로젝트를 마친 시점은 오후 3시. 다시 무인자동차를 타고 집으로 돌아왔다. 햇빛이 강렬한 이 시간은 저녁에 사용할 에너지를 모으기 위해 지붕에 설치한 태양광 패널이 집광에 한창인 시간이다. 자원이 무한하고 탄소 배출 등의 부작용도 없는 태양광 에너지의 효과적 집광 기술 덕분에, 인류는 피크오일을 무사히 극복하고 차세대에너지로 전환했다.

2045년 일상의 가상 시나리오

스마트 하우스의 풍경

3D 음식 프린터

지구온난화, 바이오컴퓨터

나노 섬유의 스마트의류

공유경제와 무인차

시간제 근무

2045년 일상의 가상 시나리오

태양광 에너지

업무2

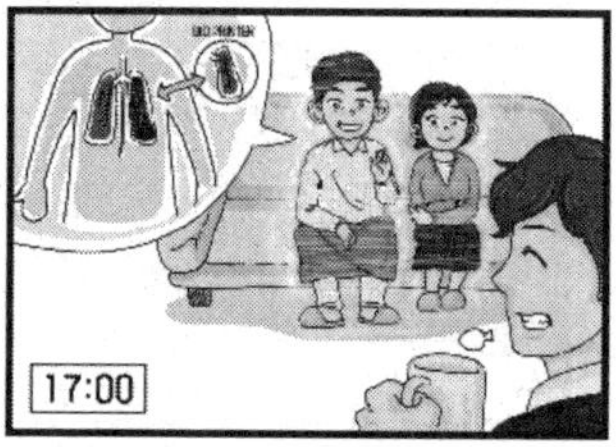

장기교체로 인한 수명연장

몰입가상현실, 탄소배출거래

밤 여가시간

내가 나에게

❖ 100세가 된 내가 현재의 나에게 행복하게 사는 법에 대한 조언을 하는 장면을 상상하며 글로 써 봅시다.

▣ 이 조언들을 규칙적으로 실천하려고 노력해 봅시다. 행복에도 연습이 필요합니다

참고문헌

참/고/문/헌

강상진, 김재홍, 이창우 옮김(2011). **니코마코스 윤리학**. 도서출판 길

강영계(2010). **행복학강의**. 서울: 새문사.

권석만(2004). **인간관계의 심리학**(개정증보판). 서울: 학지사.

권석만(2006). **젊은이를 위한 인간관계의 심리학**. 서울 : 학지사.

권석만(2008). **긍정심리학**. 서울: 학지사.

권석만(2010). **인생의 2막 대학생활**. 서울: 학지사.

김명숙(2012). 한국인의 행복과 좋은 죽음에 대한 표상과 인식의 특징. **인문학연구**. 86. 307-352.

김순남, 이병환 (2016). 행복학교의 학생 행복도 분석. **교육문화연구, 22(2)**, 29-48.

김용해(2011). **젊은이의 행복학**. 파주: 서광사.

김은우, 유재봉(2014). 교육목적으로서 행복-아우구스티누스의 행복 개념을 중심으로- **교회사회사업. 25**. 7-34.

김종운, 박성실(2011). **인간관계 심리학**. 서울: 학지사.

문승태, 박행모, 장선철(2005). **사회변화와 직업세계**. 서울: 태영출판사

문시영(1996). **아우구스티누스와 행복의 윤리학**. 서울: 서광사.

민경환(2002). **성격심리학**. 서울: 법문사.

오동근(2004). 일가치감이 직무효과성에 미치는 영향. **한국심리학회지: 산업 및 조직**, 17(3), 375-399.

오세진 외(2010). **인간행동과 심리학**. 서울: 학지사

원두리, 김교현(2006). 심리적 웰빙을 어떻게 추구할 것인가: 웰빙에 영향을 주는 요소들에 대한 탐색. **한국심리학회지: 건강, 11(1)**, 125-145.

유나영, 정여진, 김비아, 정영숙, 신현정 (2015). 한국인의 행복 개념 탐색 연구. **한국민족문화, (55)**, 197-230.

유영달 외 11인(2013). **인간관계의 심리, 행복의 열쇠**. 서울: 학지사.

이종원(2012). 온전한 행복의 조건. **기독교 사회윤리**. 23, 53-82.

임선영(2013). 역경후 성장에 이르는 의미재구성 과정: 관계상실을 중심으로. 서울대학교 박사학위논문
이유리(2011). 외상 후 성장의 애착-인지 모형 검증: 입양 미혼모를 대상으로. 고려대학교 박사학위 논문.

Alderfer, C. P. (1969). An Empirical Test of a New Theory of Human Needs. *Organizational Behavior and Human Performance,* 4, 142-175.
Alderfer, C. P. (1972). *Existence, Relatedness, and Growth: Human Needs in Organizational Settings.* New York: The Free Press.
Allport, G. W. (1937). *Personality: A Psychological Interpretation.* New York: Holt.
Allport, G. W. (1961). *Pattern and Growth in Personality.* New York: Holt, Rinehart & Winston.
Allport, G. W., Vernon, P., & Lindzey, G. (1960). *A Study of Values (Rev. ed.).* Boston: Houghton Mifflin.
Argyle, M. (1987). *The Psychology of Happiness.* London: Routledge.
Argyle, M. (2001). *The Psychology of Happiness (2nd ed.).* East Sussex, England: Routledge.
Austin, J. T., & Vancouver, J. F. (1996). Goal Construction in Psychology: Structure, Process, and Content. *Psychological Bulletin, 120,* 338-375.
Barkow, J. H. (1997). Happiness in Evolutionary Perspective. In N. L. Segal, G. E. Weisfeld, & C. C. Weisfeld (Eds.), Uniting Psychology and Biology : Integrating Perspectives on Human Development (pp. 397-418). Washington, DC: American Psychological Association.
Brickman, P., Coates, D., & Janoff-Bulman, R. (1978). Lottery Win-

ners and Accident Victims: Is Happiness Relative? *Journal of Personality and Social Psychology,* 36, 917–927.

Brunstein, J. C. (1993). Personal Goals and Subjective Well-being: A longitudinal Study. *Journal of Personality and Socail Psychology,* 65, 1061-1070.

Brunstein, J. C., Schultheiss, O.C., & Graessman, R. (1998). Personal Goals and Emotional Well-being: The Moderating Role of Motive Dispositions. *Journal of Personality and Social Psychology,* 75, 494-508.

Buss, D. M. (2000). The Evolution of Happiness. *American Psychologist,* 55, 15–23.

Campbell, A. (1981). *The Sense of Well-being in America.* New York: McGraw-Hill.

Cantor, N., & Sanderson, C. A. (1999). Life Task Participation and Well-being: The Importance of Taking Part in Daily Life. In D. Kahnemann, E. Diener, & N. Schwarz (Eds.), *Well-being: The Foundation of Hedonic Psychology* (pp. 230–243). New York: Russell Sage Foundation.

Compton, W. C.(2000). Meaningfulness as a Moderator of Subjective Well-being. *Psychological Reports,* 87, 156–160.

Csikzentmihalyi, M. (1990). Flow: *The Psychology of Optimal Experience.* New York: Harper & Row.

Cummins, R. A. (1996). The Domains of Life Satisfaction: An Attempt to Order Chaos. *Social Indicators Research,* 38, 303–328.

Danner, D., Snowdon, D., & Friesen, W. (2001). Positive Emotions in Early Life and Longevity: Findings from the Nun Study. *Journal of Personality and Social Psychology,* 80, 804–813.

Davis, C. G., & Nolen-Hoekserma, S. (2009). Making Sense of Loss, Perceiving Benefits, and Posttraumatic Growth. In S. J. Lopez (Eds),

Oxford Handbook of Positive Psychology (2nd ed). (pp. 641-649), New York.

Deci, E. L., & Ryan, R. M.(1985). *Intrinsic Motivation and Self-De-Termination in Human Behavior.* New York: Plenum.

Diener, E. (1984). Subjective Well-being. *Psychological Bulletin,* 193, 542-575.

Diener, E., & Biswas-Diener, R. (2002). Will Money Increase Subjective Well-being? A Literature Review and Guide to Needed Research. *Social Indicators Research,* 57, 119-169.

Diener, E., Diener, M., & Diener, C. (1995). Factors Predicting the Subjective Well-being of Nations. *Journal of Personality and Social Psychology,* 69, 653-663.

Diener, E., Larson, R. J., & Emmons, R. A. (1984). Person Situations and Congruence Response Models. *Journal of Personality and Social Psychology,* 48, 1253-1265.

Diener, E., Lucas, R. E. (2000). Explaining Differences in Social Levels of Happiness: Relative Standards, Need Fulfillment, Culture, and Evaluation Theory. *Journal of Happiness Studies,* 1, 41-78.

Diener, E., Suh, E. M., Lucas, R. E., & Smith, H. L. (1999). Subjective Well-being: Three Decades of Progress. *Psychological Bulletin,* 125, 276-302.

Dolan, P. (2014). *Happiness by Design.* New York: Brockman Inc. (이영아 역. *《행복은 어떻게 설계되는가》*. 서울: 미래엔)

Emmons, R. A. (1992). Abstract Versus Concrete Goals: Personal Striving level, Physical Illness, and Psychological Well-being. *Journal of Personality and Social Psychology,* 62, 292-300.

Fazio, R. J., & Fazio, L. M. (2005). Growth Through Loss : Promoting Healing and Growth in the Face of Trauma, Crisis, and Loss. *Journal of Loss and Trauma,* 10, 221-252.

Feist. G. J. (1998). A Meta-analysis of Personality in Scientific and Artistic Creativity. *Personality and Social Psychology Review,* 2, 290-309.
Fredrickson, B., Levenson, R. (1998). Positive Emotions Speed Recovery from the Cardiovascular Sequelae of Negative Emotions. *Cognition and Emotion,* 12, 191-220.
Fried, R. L. (2001). *The Passionate Learner: How Teaches and Parents can Help Children Reclaim the Joy of Discovery.* Boston: Bacon Press.
Gardner, H. (1983). Fames of Mind: *The Theory of Multiple Intelligences.* New York: Basic Books.
Gardner, H. (1993). *Multiple Intelligence: The Theory in Practice.* New York: Basic Books.
Gardner, H. (1997). *Extraordinary Minds.* New York: Basic Books.
Gilbert, D. T. (2006). *Stumbling on Happiness.* Randomhouse. (서인국, 최인철, 김미정 역. *《행복에 걸려 비틀거리다》.* 서울: 김영사. 2006.)
Goldstein, K. (1934). *The Organism: A Holistic Approach to Biology Derived from Pathological Data in Man.* New York: Zone Books.
Hacckman, J. R., & Oldham, G. R. (1980). *Work Redesign. Reading,* MA: Addison-Welsey.
Haidt. J. (2002b). The Moral Emotions. In R. J. Davidson, K, Scherer, & H. H. Goldsmith (Ed.), *Handbook of Affective Sciences* (pp. 852-879). Oxford University Press.
Hart, P. M. (1999). Predicting Employee Life Satisfaction: A Coherent Model of Personality, Work and Non-work Experiences, and Domain Satisfaction. *Journal of Applied psychology,* 84, 564-584.
Harvey, J. F.(2009). *Moral Theology of the Confessions of Saint Augustine,* Wipf & Stock Pub. (문시영 역. *《고백록 윤리를 말하다》.* 서울: 북코리아, 2011)

Hayer, J. R. (1989). *The Complete Problem Solver(2nd ed.).* Hillsdale, NJ: Erlbarm.

Hayes, S. C., Strosahl, D. K., & Wilson, G. K. (1999). *Acceptance and Commitment Therapy.* New York: Guilford Press.

Helson, R., & Srivastava, S. (2001). Three Paths of Adult Development: Conservers, Seekers, and Achievers. *Journal of Personality and Social Psychology,* 80, 995-1010.

Higgins, E. T. (1987). Self-Discrepancy: A Theory Relating Self and affect. *Psychological Review,* 94, 319-340.

Hoyle, R., Kernis, M., Leary, M., & Baldwin, M. (1999). *Self-Hood; Identity, Esteem, and Regulation. Boulder,* CO: Westview Press.

Hsee, C. K., & Abelson, R. P. (1991). Velocity Relation: Satisfaction as a Function of The First Derivative of Outcome Over Time. *Journal of Personality and Social Psychology,* 60, 341-347.

Jahoda, M. (1958). *Current Concepts of Positive Mental Health.* New York: Basic Books.

Jane B. Burka & Lenora M. Yuen(2004). *Procrastination: Why You Do It, What to Do about It. Da Capo Press.* (윤상운 역 *《미룸(달콤한, 그러나 치명적인 습관)》*, 서울: 넥서스. 2012)

Janoff-Bulman, R. (1992). Shattered Assumptions: *Towards a New Psychology of Trauma.* New York : Free Press.

Janoff-Bulman, R., & Frieze, I. R. (1983). A Theoretical Perspective for Understanding Reactions to Victimization. *Journal of Socail Issues,* 39. 1-18.

Kamen-Siegel, L., Rodin, J., Seligman, M., & Dwyer, C. (1991). Explanatory Style and Cell Mediated Immunity. *Health Psychology,* 10, 229-235.

Karasek, R. A. (1979). Job Demands, Job Decision Latitude, and Mental Strain: Implications for Job Redesign. *Administrative Sci-*

ence Quarterly, 24, 285-308.
Karasek, R. A., & Theorell, T. (1990). *Healthy Work: Stress, Productivity, and the Reconstruction of Working Life*. New York: Basic Books.
Kasser, T., & Ryan, R. M. (1993). A Dark Side of the American Dream: Correlates of Financial Success as a Life Aspiration. *Journal of Personality and Social Psychology*, 65, 410-422.
Kelloway, E. K., & Barling, J. (1991). Job Characteristics, Role Stress and Mental Health. *Journal of Occupational Psychology*, 64, 291-304.
Kobasa, S. C. (1979). Stressful Life Events, Personality, and Health-Inquiry into Hardiness, *Journal of Personality and Social psychology*, 37(1), 1-11.
Larsen, R. J., & Ketelaar, T. (1991). Personality and Susceptibility to Positive and Negative Emotional States. *Journal of Personality and Social Psychology*, 61, 132-140.
Lazarus, R. S. (1981). The Stress and Coping Paradigm. In C. E. Eisdorfer, D. Cohen, A. Kleinman, & P. Maxim (Eds.), *Models for Clinical Psychopathology*(pp. 177-214). New York: S. P. Medical & Scientific Books.
Lazarus, R. S. (1991). *Emotion and Adaptation*. New York: Oxford University Press.
Lefcourt, H. M.(1981). *Research with the Locus of Control Construct*. new York: Academic Press.
Locke, E. A. (1976). The Nature and Causes of Job Satisfaction. In M. D. Dunnette (Ed.), *Handbook of Industrial and Organizational Psychology* (pp. 1297-1350). Chicago: Rand Mcnally.
Lucas, R. E., Diener, E., Grob, A., Suh, E. M., & Shao, L. (2000). Cross-Cultural Evidence for the Fundamental Features of Extroversion.

Journal of Personality and Social Psychology, 79, 452-468.

Lyubomirsky, S. (2001). Why are Some People Happier than Others? The Role of Cognitive and Motivational Processes in Well-being. *American Psychologist,* 54, 239-249.

Maslow, A. H. (1954). *Motivation and Personality.* New York: Harper and Row.

Maslow, A. H. (1968). *Toward a Psychology of Being.* New York: John Wiley & Sons.

Maslow, A. H. (1970). *Religion, Values and Peak Experiences.* New York: Viking.

May, R. (1969). *Love and Will.* New York: Norton.

McCombs, B. L. (1991). Motivation and Lifelong Learning. *Educational Psychologist,* 19, 211-222.

McGregor, I., & Little, B .R. (1998). Personal Projects, Happiness, and Meaning: On Doing Well and Being Yourself. *Journal of Personality and Social Psychology,* 74, 494-512.

Morretti, M. M., & Higgins, E. T. (1990). Relating Self-Discrepancy to Self-Esteem: The Contribution of Discrepancies Beyond Actual-self Ratings. *Journal of Experimental Social Psychology,* 26, 108-123.

Mroczek, D. K., & Kolarz, C. M. (1998). The Effect of Age on a Positive and Negative Affect: A Development Perspective on Happiness. Journal of Personality and Social Psychology, 75, 1333-1349.

Murray, C. (2003). *Human Accomplishment: The Pursuit of Excellence in the Arts and Science, 800 BC to 1950.* New York: Harper Collins.

Murray, H. A. (1938). *Explorations in Personality.* New York: Oxgord University Press.

Myers, D. G. (1992). *The Pursuit of Happiness.* New York: Avon

Books.
Myers, D. G. (2000). The Funds, Friends, and Faith of Happy People. *American Psychologist,* 55, 56-67.
Myers, D. G. (2007). Psychology of Happiness. *Scholarpedia,* 2(8), 3149.
Nakamura, J., Csikszentmihalyi, M. (2002). The Concept of Flow. In C. R. Snyder, & S. J. Lopez (Eds.), *Handbook of Positive Psychology*(pp. 89-105). New York: Oxgord University Press.
Newman, B., & Newman, P. (1991). *Development Through Life (5th Ed.),* Pacific Grove, CA: Books/Cole.
Nolen-Hoeksema, S., & Rusting, C. L. (1999). Gender Differences in Well-being. In D. Kahnemann, E. Diener, & N. Schwarz (Eds.), *Well-being: The Foundation of Hedonic Psychology* (pp. 330-352). New York : Russel Sage Foundation.
Oishi, S., Diener, E., Suh, E., & Lucas, R. E. (1999). Value as a Moderator in Subjective Well-being. *Journal of Personality,* 67(1), 157-184.
Oldham, G. R. (1996), Job Design. In C. L. Cooper, & I. T. Robertson (Eds.), *International Review of Industrial and Organizational Psychology* (Vol. 11, pp. 33-60). Chichester, England: Wiley.
Park, C. L., Cohen, L. H., & Murch, R. L. (1996). Assessment and Prediction of Stress-related Growth. *Journal of Personality,* 64(1), 71-105.
Pavot, W., Diener, E., & Fujita, F. (1990). *Extraversion and Happiness. Personality and Individual Differences,* 11, 1299-1306.
Peterson, C. (1999). Personal Control and Well-being. In D. Kahneman, E. Diener, & N. Schwarz (Eds.), *Well-being: The Foundations of Hedonic Psychology* (pp. 288-301). New York: Russell Sage Foundation.

Peterson, C. (2006). *A Primer in Positive Psychology,* New York: Oxford University Press.
Reis, H. T., & Gable, S. L. (2003). Toward a Positive Psychology of Relationship. In C. L. M. Keyes, & J. Habit(Eds.), *Flourishing: Positive Psychology and the Life Sell-lives*(pp.129-159). Washington D.C.: American Psychologycal Associa.
Renninger, K. A. (1990). Children' s Play Interests, Representation, and Activity. In R. Fivush, & K. Hudson (Eds.), *Knowing and Remembering in Young Children* (pp. 127-165). New York: Cambridge University Press.
Renninger, K. A. (2000). Individual Interest and Its Implications for Understanding Intrinsic Motivation. In C. Sansone, & J. M. Harackiewicz (Eds.), *Intrinsic and Extrinsic Motivation: The Search for Optimal Motivation and Performance* (pp. 375-409). New York: Academic.
Richard Layard(2005). *Happiness: Lessons from a New Science.* New York: Penguin. (정은아 역. 《행복의 함정》. 서울: 북하이브, 2011)
Rogers, C. R. (1951). *Client-Centered Therapy.* Boston: Houghton Mifflin.
Rogers, C. R. (1957). The Necessary and Sufficient Conditions of Therapeutic Personality Change. *Journal of Consulting Psychology,* 21, 95-103.
Rogers, C. R. (1961). *On Becoming a Person.* Boston: Houghton Mifflin.
Rogers, S. J., & Amito, P. R. (1997). Is Martial Quality Declining? The Evidence from Two Generations 〔Electronic Version〕. *Social Forces,* 75, 1089-1101.
Rogers, S. J., & Amito, P. R. (2000). Have Change in Gender Relations Affected Martial Quality? 〔Electronic Version〕. *Social Forces,*

75, 731.
Rokeach, M. (1973). *The Nature of Human Values.* New York: Free Press.
Rokeach, M. (1979). *Understanding Human Values: Individual and Social.* New York: Free Press.
Rothbaum, F., Weisz, J. R., & Snyder, S. S. (1982). Changing the World and Changing the Self: A Two-process Model of Perceived Control. *Journal of Personality and Social Psychology,* 42, 5-27.
Rusting, C. L., & Larsen, R. J. (1998). Personality and Cognitive Processing of Affective Information. *Personality and Social Psychology Bulletin,* 24, 200-213.
Rutter, M. (1987). Psychological Resilience and Protective Mechanisms. *American Journal of Orthopsychiatry,* 57, 316-331.
Ryan, R. M., & Deci, E. L. (2000). Self-Determination Theory and Facilitaion of Intrinsic Motivation, Social Development, and Well-being. *American Psychologist,* 55, 68-78.
Ryff, C. D. (1989). Happiness is Everything, or is It? Explorations on the Meaning of Psychological Well-being. *Journal of Personality and Social Psychology,* 57, 1069-1081.
Ryff, C. D. (1995). Psychological Well-being in Adult Life. *Current Direction in Psychological Science,* 4(4), 99-104.
Ryff, C. D., & Keyes, C. L. M. (1995). The Structure of Psychologiccal Well-being Revised. *Journal of Personality and Social Psychology,* 69, 719-727.
Ryff, C. D., & Singer, B. (1998). The Contours of Positive Human Health. *Psychological Inquiry,* 9(1), 1-28.
Ryff, C. D., & Singer, B. (2003a). Fourishing Under Fire: Resilience as a Prototype of Challenged Thriving. In C. L. M. Keyes & J. Haidt (Eds.), Flourishing: Positive Psychology and the Life Well-lived

(pp.15-36). Washington, DC: American Psychological Association.

Sansone, C., Wiebe, D., & Morgan, C. (1999). Self-Regulating Interest: The Moderating Role of Hardiness and Conscientiousness. *Journal of Personality,* 67, 701-733.

Sarason, B. R., Sarason, I. G., & Pierce, G. R. (Eds.) (1990). *Social Support: An Interactional View.* New York: Wiley.

Schneider, S. (2001). In search of Realistic Optimism: Meaning, Knowledge, and Warm Fuzziness. *Journal of American Psychologist,* 54, 250-263.

Sedikides, C. (1993). Assessment, Enhancement, and Verification Determinants of the Self-evaluation process. *Journal of Personality and Social Psychology,* 55, 317-338.

Segerstrom, S., Taylor, S., Kemeny, M., & Fahey, J. (1998). Optimism is Associated with Mood, Coping, and Immune Change in Response to Stress. *Journal of Personality and Social Psychology,* 74, 1646-1655.

Seidlitz, L., & Diener, E. (1993). Memory for Positive Versus Negative Events: Theories for the Differences Between Happy and Unhappy Person. *Journal of Personality and Social Psychology,* 64, 654-664.

Seligman, M. E. P. (1991). *Learned Optimism.* New York: Knopf.

Seligman, M. E. P. (2002). *Authentic Happiness.* New York: Free Press. (김인자 역. *《긍정심리학》*. 서울: 물푸레, 2006)

Seligman, M. E. P., & Peterson, C. (2003). Positive Clinical Psychology. In L. G. Aspinwell, & U. M. Staudinger (Eds.), *A psychology of Human Strengths: Fundamental Questions and Future Directions for a Positive Psychology*(pp. 305-317). Washinton, DC: American Psychologycal Association.

Sheldon, K. M., & Kasser, T. (1995). Coherence and Congruence:

Two Aspects of Personality Integratiion. *Journal of Personality and Social Psychology*, 68, 531-543.

Snowdon, D. (2001). *Aging with Grace: What the Nun Study Teaches Us about Leading Longer, Healthier, and More Meaningful Lives.* New York: Bantam.

Snyder, C. R., Rand, K. L., & Sigmon, D. R. (2002). Hope Theory: A Member of the Positive Psychology Family. in C. R. Snyder, & S. J. Lopez (Eds.), *Handbook of Positive Psychology*(pp. 257-276). Oxford, England: Oxford University Press.

Spearman, C, (1904). "General Intelligence" Objectively Determined and Measured. *American Journal of Psychology,* 15, 201-292.

Sternberg, R. J. (1986). Implicit Theories of Intelligence, Creativity, and Wisdom. *Journal of Personality and Social Psychology,* 49, 607-627.

Stone, A. A., & Shiffman, S. (1994). Ecological Momentary Assessment (EMA) in Behavioral Medicine. *Annual Behavioral Medicine,* 16, 199-202.

Tal Ben-Shahar(2007). *Happier: Learn the Secrets to Daily Joy and Lasting Fulfillment.* McGrow-Hill. (노혜숙 역. *《해피어》*. 서울: 위즈덤 하우스, 2007)

Tedeschi, R. G., & Calhoun, L. G. (1996). The Posttraumatic Growth Inventory: Measuring the Positive Legacy of Trauma. *Journal of Traumatic Stress,* 9, 455-471.

Tedeschi, R. G., & Calhoun, L. G. (2004). Posttraumatic Growth: Conceptual Foundation and Empirical Evidence. *Psychological Inquiry,* 15, 93-102.

Tedeschi, R. G., Park, C. L., & Calhoun, L. G. (Eds.). (1998). *Posttraumatic Growth: Positive Changes in the Aftermath of Crisis.*

Mahwah NJ: Lawrence Erlbaum.

Tugade, M. M., & Fredrickson, B. L. (2004). Resilient Individuals Use Positive Emtions to Bounce Back from Negative Emtional Experiences. *Journal of Personality and Social Psychology,* 86, 320-333.

Watsonn, D., Hubbard, B., & Wiese, D. (2000). General Traits of Personality and Affectivity as Predictors of Satisfaction in Intimate Relationships: Evidence from Self-and Partner-Rations. *Journal of Personality,* 68, 413-449.

Wood, W., Rhodes, N., & Whelan, M. (1989). Sex Differences in Positive Well-being: A Consideration of Emotional Style and Martial Status. *Psychological Bulletin,* 106, 249-264.

Wrzensniewski, A., McCauly, C. R., Rozin, P., & Schwartz, B. (1997). Jobs, Careers, and Callings: People's Relations to Their Work. *Journal of Research in Personality,* 31, 21-33.

張笑恒(2013). 佛的十五堂幸福课, China Textile & Apparel Press. (최인애 역. 《*느리게, 더 느리게.* 경기: 다연. 2014》

저자 소개

✍ 장선철

전주대학교 상담심리학과 교수

✍ 김래경

전주대학교 상담심리학과 외래교수

✍ 최은미

원광대학교 보건보완의학대학원 상담심리학과 초빙교수

✍ 김남원

전주대학교 상담심리학과 외래교수

21세기 행복학

초판발행 2017년 7월 30일
재판발행 2018년 2월 15일

저 자 장선철 · 김래경 · 최은미 · 김남원
발행인 김현태
발행처 태영출판사

주 소 (08301) 서울 구로구 구로동 104-10 동남오피스텔 201호
전 화 02 · 839-3757, 839-3752
팩 스 02 · 837-3754
등 록 2005년 5월 30일 제12-421호
http://www.taeyeongbook.co.kr
E-mail tys2005@hanmail.net
ISBN 978-89-6302-219-2 93100
정 가 13,000원

* 잘못 만들어진 책은 교환해 드립니다.